大空一家です!

新田朋子
Nitta Tomoko

ウチのげんき予報

さくら舎

大空一家

晴《はれ》太《た》
ねえちゃん：ユキ
ばあちゃん：かすみ
じいちゃん：雷《らい》蔵《ぞう》
お母さん：キリ子
お父さん：雲《くも》太《た》郎《ろう》

今夜《こんや》は七草《ななくさ》がゆなんだ
一応《いちおう》ならわしだからねえ
とう
ごちそうで疲《つか》れた胃《い》を休《やす》めるという意《い》味《み》もあるんだよね
あーー
あれ?違《ちが》ったっけ?
おじいさんの言《い》う通《とお》りだと思《おも》うけど
おかずはトンカツよ♡
…けどばあさんの胃は疲れてなかった
ニンジン嫌《きら》~い
食《た》べられるよーにしないと
大人《おとな》になっても好《す》き嫌い言《い》ってたら
かっこ悪《わる》いでしょ
大人は好き嫌い言わないの?
当《とう》然《ぜん》だ
大人は黙《だま》って残《のこ》す!!

何《なん》の香《かお》りかな
花《はな》が咲《さ》いてるきっとコレだよ
何て名《な》前《まえ》の花か知ってる？
まぁ
どんな花なの？
白《しろ》くて小《ちい》さくてね
葉《は》っぱはこんなカンジで
うんうん
ムアっと変《へん》なニオイした
急《きゅう》に興味《きょうみ》が…
パタン

パンツに穴《あな》が開《あ》いたんだが…
それはもう処分《しょぶん》した方《ほう》がいいわね
オナラのし過《す》ぎかな
あはは
お母《かあ》さん袖口《そでぐち》に穴が開いちゃった
ボロボロじゃない処分するしかないね
勉強《べんきょう》のし過ぎかな
キッ
それはない!!
笑《わら》うトコなんだけど

くかー
くかかー
あんな所《とこ》でも寝《ね》てる
どこでも寝られるのは健康《けんこう》な証拠《しょうこ》よ
ふーん
なのにお布団《ふとん》に入《はい》ると眠《ねむ》れないのはなぜかしら
あれだけ寝てたらそうなるよな

ガウチョパンツかわいいですね
楽《らく》そうねぇ
私《わたし》も買《か》っちゃお
試着《しちゃく》は？ ウエストが足《た》りないんじゃないですか？
フリーサイズだもんはけるわよ
それならいいですけど
何《なん》ではかまはいてるの？
脚《あし》の長《なが》さが足りなかった

余《よ》計《けい》にもらったおつりを返《かえ》さないと逮《たい》捕《ほ》だそうだ
え
小《こ》銭《ぜに》とか数《かぞ》えてないわよ
気《き》付《づ》かなかった場《ば》合《あい》はいいんだいと
おつりに万《まん》札《さつ》が何《なん》枚《まい》もとか…明《あき》らかに気付く時《とき》だろ
あー
意《い》外《がい》とおつりの間《ま》違《ちが》い多《おお》いのかもね
知《し》らないうちにお金《かね》増《ふ》えてたりして
あ
足《た》りない時《とき》も気付いてないでしょ
姿《すがた》見《み》買《か》ったんだ
お!!
ショーウインドーに映《うつ》った自《じ》分《ぶん》の姿《すがた》にショック受《う》けるコトってない?
あるある
だから家《いえ》でも体《たい》形《けい》のチェックしようと思《おも》って
それはいいね
見《み》慣《な》れるもんねー
・・・・

今日《きょう》って6月《がつ》30日《にち》!?
今年《ことし》も半分《はんぶん》終《お》わったってコトか
あしたから7月じゃん
そーなんだよ
ホント時間《じかん》がたつのは早《はや》いよな
7月といえば……夏《なつ》休《やす》みじゃん
あ、ああ
早く時間が過《す》ぎろーっ
わーっ
やめて……何《なん》かやめて
速《そっ》乾《かん》Tシャツ買《か》ってきたわよー
ボクのもある?
ボクこれ好《す》き～
うーむ…
ワシは綿《めん》の方《ほう》がいいなあ
すぐ乾《かわ》くからいつもサラサラだし
ハンカチなくてもすむよ
お!!
ちょっと待《ま》った

ヤバッ!!
!!
この炊《た》き込《こ》みご飯《はん》マジでヤバイ
『ヤバイ』をいい意《い》味《み》で使《つか》うのはもう普《ふ》通《つう》なのかねぇ
これはヤバイわ
この炊き込みご飯はヤバイ
ヤバイ
ばあさんまで・・・・
止《と》まらな～いまた太《ふと》るわ～～～
本《ほん》来《らい》の『ヤバイ』かな

ウチでもハロウィーンやってほしいな
みんな忘《わす》れてるよ
おかえり～
あっカボチャ
ハロウィーンだからねカボチャで何《なに》か作《つく》ろうと思《おも》って
忘れてないじゃん
おまたせ
カボチャの煮《に》物《もの》ですよ～
そうじゃない

あら？出掛《でか》けるんじゃなかったの？
その前《まえ》に軽《かる》～く掃除《そうじ》しておこうと思《おも》って
あーこまった
よく見《み》ると細《こま》かいゴミがいっぱい
何年《なんねん》主婦《しゅふ》やったら家事《かじ》の要領《ようりょう》を覚《おぼ》えるのやら
すいません
やれやれ
よく見ないで掃除しなさい
はーーーい

何《なん》だその格好《かっこう》は!?
コレあったかいのよ～
それで外《そと》に出《で》るつもり？
おいおい
ゴミ出《だ》しくらい
いいでしょ
ウワサになって困《こま》るのは自分《じぶん》だろうに
変《へん》な人《ひと》だと思《おも》われるのは慣《な》れてるから
へーき へーき
クマが出たってウワサが…
これは困った

いつまで正月《しょうがつ》気分《きぶん》でいるの？
はいはい掃除《そうじ》掃除
あっ
あのトランプは!!
お正月中《しょうがつちゅう》見《み》つからなかった『5』
出《で》てきたと知《し》ったらみんな喜《よろこ》ぶわ
だから行方不明《ゆくえふめい》のままにしとこ
正月気分に戻《もど》ったら困《こま》るわ
今年《ことし》の初夢《はつゆめ》何《なに》見《み》た？
あれ？
何《なん》だっけ覚《おぼ》えてないなぁ
オレも何とか思《おも》い出《だ》そうとしてるんだが…
1週間《しゅうかん》も前《まえ》の夢を？無理《むり》だよ
無理とは思わん
うーん
ちなみにゆうべは何食《た》べた？
うーん

休《やす》み明《あ》けってのはどうにもやる気《き》がね
だな〜
ん？ポケットに何《なに》かある
なぁんだおみくじかぁ…
大吉《だいきち》じゃん
いいね!!やる気出《で》そう
あれ？こっちのポケットにも何か…
ゴソゴソ
5百円《ひゃくえん》玉《だま》だ!!
これは確実《かくじつ》にやる気出たな

お正月《しょうがつ》の間《あいだ》に太《ふと》った気《き》がするわ
体重《たいじゅう》量《はか》ってみれば？
きゃ〜こわいこわい
おもちばっかり食《た》べてたから
まだこんなにあるよ
好《す》きだから余分《よぶん》に買《か》っておいたの
おもち
そう
ドン
きゃ――っ

ない ない
どこに置《お》いたのかしら
大掃除《おおそうじ》のゴタゴタでどっかいっちゃったのかしら
例年《れいねん》になく大掛《おおが》かりな掃除でしたもんね
何《なに》を捜《さが》してるんだ?
はたき
大掃除以来《いらい》使《つか》ってない…と
例年になく～
ねぇ

おいおい
くぁ～～～
正月《しょうがつ》ボケが治《なお》ったところに3連休《れんきゅう》でまたダレちゃって
休《やす》みが近《ちか》いとアクビも出《で》るよな
しばらく3連休以上《いじょう》はないんでペース戻《もど》りますよ
そっか
5月までないです
は～～
遠《とお》過《す》ぎてため息《いき》出るわ
は～～

初詣《はつもうで》で今年《ことし》は毎日日記《まいにちにっき》をつけるって誓《ちか》い立《た》ててたよねー
他《ほか》にも毎日書《か》き取《と》りするとか
続《つづ》いてるモノないでしょ
あっあ〜〜
あるよ……たぶん
歯磨《はみが》きみたいな当《あ》たり前《まえ》のコトはなしでね
歯磨きはちょっと……
お母《かあ》さーん聞《き》いてー
左義長《さぎちょう》でたく物《もの》全部《ぜんぶ》持《も》ったか？
お餅《もち》は？
ああっ忘《わす》れてた
書《か》き初《ぞ》めは？
ああっ忘れてた
ひ〜〜っ
書くの忘れてた

マスクしてる人《ひと》多《おお》いなぁ
・・・・・
あなたもマスクすれば？
インフルエンザもはやってるし
メガネが曇《くも》るんだもん
顔《かお》があったかいわよ
めんどー
マスクしてると美人《びじん》に見《み》えるぞ
いってきまーす
静電気《せいでんき》がバチッときそうでコワイ
金属《きんぞく》を触《さわ》る前《まえ》に
木《き》の扉《とびら》や石《いし》の壁《かべ》に手《て》の平《ひら》をベタッと付《つ》けるといいそうだよ
木とか石の…
あったあった
ベタッ
石の…頭《あたま》かな

何《なに》?それミサンガ?
ルームバンド
カラー輪《わ》ゴムを自《じ》分《ぶん》で編《あ》んだの
へー
輪ゴムあげる
好《す》きな形《かたち》に作《つく》ってみてよ
すっごいカッコイイのを思《おも》いついた!!
どんなのを作るのか楽《たの》しみ〜
オリャ
輪ゴム鉄《てっ》砲《ぽう》じゃん

『大《だい》寒《かん》たまご』って知《し》ってる?
食《た》べるとお金《かね》に困《こま》らなくなるんだって
大寒の日《ひ》に産《う》んだ卵《たまご》でしょどうやって手《て》に入《い》れるのよ
ネットで買《か》えるよ
ええ!?
1パック数《すう》千《せん》円《えん》?卵が?
今月《こんげつ》の食費《しょくひ》に困るわ〜〜
ケチ

風邪《かぜ》の予《よ》防《ぼう》にはおきゅうがいいんですって
おきゅうは苦手《にがて》なんだよ
ドライヤーでツボを温《あたた》めるだけのおきゅうよ
ほんの30秒《びょう》ほど
簡《かん》単《たん》でいいね
確《たし》か首《くび》のつけ根《ね》の下《した》の……この辺《へん》のツボを…
フム フム
この辺？この辺？あれ？この辺？
風邪の予防してるんだよね
どんどん物《もの》忘《わす》れがひどくなるなぁ
ゲームで脳《のう》活《かつ》すればいいって言《い》ってるのに〜
今《いま》さらゲームなんて…ん？んんん
少《すこ》しでも記《き》憶《おく》力《りょく》がよくなるといいわね
それがさー
時《じ》間《かん》を忘《わす》れるのも物忘れのうち？
ごはんですよー

寒《さむ》くて耳《みみ》が痛《いた》いよォ
ピュー
手《て》で押《お》さえるといいよ
手が痛い手が痛い
手《て》袋《ぶくろ》ないの？
まずは手をカバーしないとね!!
そうそう
あー
ふう
・・・・

トイレに置《お》ける暖《だん》房《ぼう》器《き》具《ぐ》が欲《ほ》しい
じいちゃん長《なが》いもんねー
寒《さむ》いトイレは年《とし》寄《よ》りにはよくないんだよ
うん
とりあえずは早《はや》く出《で》れば？
そんな簡《かん》単《たん》な話《はなし》じゃないだろ
簡単簡単
トイレの本《ほん》を片《かた》付《づ》けるだけでしょーが

お!!
東《とう》京《きょう》駅《えき》開《かい》業《ぎょう》100周《しゅう》年《ねん》記《き》念《ねん》スイカが再《さい》販《はん》売《ばい》されるぞ
購《こう》入《にゅう》希《き》望《ぼう》出《だ》しちゃおっかな♪
それって全《ぜん》国《こく》どこでも使《つか》える物《もの》なの?
全《ぜん》然《ぜん》分《わ》かってないんだな〜
限《げん》定《てい》品《ひん》は使うモンじゃないんだよ
全然分かんない

あら!? あのバッグすっごくいいわね
買《か》っても使《つか》わなかったらもったいないし
どうしましょ
『すごくいい』んじゃないの?
捨《す》てがたい魅《み》力《りょく》があるのよ
そう
ワシにはどこがいいのか分《わ》からないけど
ここ
ああ…
70%オフはすごいね

痛《いた》っ!!ほっぺかんだ
ジャキッ
太《ふと》って口《くち》の中《なか》に肉《にく》がついたんだろ
すぐそう決《き》めつけるけど口の中をかむ理《り》由《ゆう》は他《ほか》にもいろいろあるのよ
ゴメンゴメン
それもそうだな
たとえ太ったのが事《じ》実《じつ》だとしてもよ!!
あーー

合格《ごうかく》パン買《か》う?
まだ受験生《じゅけんせい》じゃないしいいや
今《いま》から食《た》べておくと効果《こうか》があるかもよ
それなら自信《じしん》あるから
ダイジョブ
勉強《べんきょう》してるの!?
あーー
ばあちゃんがすでに買ってる自信がある!!
だって縁起《えんぎ》がよさそうだもん

やだ雨《あめ》降《ふ》ってきた
春《はる》が近《ちか》いんだな
まだまだ寒《さむ》いわよ
最近《さいきん》雨の日《ひ》が増《ふ》えてきただろ
そういえば
それが春がきた証拠《しょうこ》だ
途中《とちゅう》から雪《ゆき》に変《か》わったけど
まだまだかな

ハワイに行った夢《ゆめ》見《み》た!! 正夢《まさゆめ》かな
そんな予定《よてい》はないわね
テレビでハワイ特集《とくしゅう》でも見たんじゃないか?
覚《おぼ》えてないけどそうかも
私《わたし》はテレビで見てないけどハワイの夢見たわ
やっぱり正夢!?
コタツで寝《ね》ただけじゃないか?
覚えてないけど
たぶんそれだよ

おっと!! もう2月《がつ》だ
カレンダーめくらないとね
1月《がつ》の絵《え》を気《き》に入《い》っていたから
捨《す》てるのがもったいないなぁ
どうしようか
いいじゃないコレ
うん うん
いいよねー
裏《うら》が白《しろ》いからメモ用紙《ようし》にできるわぁ
豆《まめ》まきイベントで飛《と》んできた豆ゲットした~
よかったわねぇ
節分《せつぶん》の豆を食《た》べると今年《ことし》1年《ねん》無病息災《むびょうそくさい》で過《す》ごせるのよ
食べられないよ~
よしよしワシが代《か》わりに食べてあげるよ
!!
何《なん》か有名人《ゆうめいじん》のまいた豆みたいよ
もったいなくて食べられなかったのに~~

立春《りっしゅん》っていい響《ひび》きだわぁ
春《はる》はすぐそこって気分《きぶん》になる
実際《じっさい》に春を肌《はだ》で感《かん》じるのはもう少《すこ》し先《さき》よね
う〜 さぶっ
すぐそこだな
暦《こよみ》と体感《たいかん》は1ヵ月《げつ》くらいの差《さ》があるでしょ
『春を鼻《はな》で感じる』って言わなかった？
毎年《まいとし》花粉症《かふんしょう》大変《たいへん》ね
あー
公園《こうえん》の近《ちか》くに新《あたら》しいレストランができたそーよ
行くなら散策《さんさく》もしたいからなぁ
もう少《すこ》し暖《あたた》かくなるまで待《ま》つってコト？
ウオーキングにも暖かくなったら行こう
そうそう
あれもこれも今《いま》はガマンなのね
そんなに待《ま》ち切《き》れないとは知《し》らなかった
むず むず
ああこれはトイレ
今すぐ行きなさいよ

さーて
今日《きょう》は張《は》り切《き》って掃除《そうじ》するわよーー
キュ
ん? 意外《いがい》と汚《よご》れてないわ
その辺《へん》は昨日《きのう》掃除しましたよ
あ
なーんだ それならやる必要《ひつよう》ないじゃない
ないない
掃除は毎日《まいにち》やってもいいんだよ

最近《さいきん》運動《うんどう》不足《ぶそく》だから散歩《さんぽ》してくるよ
いってらっしゃい
ガンバって歩《ある》きましょう!!
ただいまー
どれくらい歩いてた?
1時間《じかん》ですよ
ちょうどいいんじゃないですか?
そのうち半分《はんぶん》は洋品店《ようひんてん》のウインドーに張《は》り付《つ》いてたけどな

たらの芽《め》に山《やま》うど
春《はる》野《や》菜《さい》が出《で》回《まわ》り始《はじ》めたわ
春にしか採《と》れないの？
そーよ
日《にっ》本《ぽん》に春を告《つ》げる野菜よ
まぁ♡
大《だい》好《す》きな新《しん》玉《たま》ネギも出てる
それペルー産《さん》
……真《ま》逆《ぎゃく》
季《き》節《せつ》も国《くに》も関《かん》係《けい》なくなっちゃった
ペルー産
298

キッチンの油《あぶら》汚《よご》れにおすすめの洗《せん》剤《ざい》ない？
それならビールの飲《の》み残《のこ》しでふけば？
ビールが無《む》駄《だ》にならないし節《せつ》約《やく》にもなるから一《いっ》石《せき》二《に》鳥《ちょう》
ウチは全《ぜん》部《ぶ》飲んじゃうからねー
そーゆーコトならビール残すよ
残してくれるの？
ん？1本《ぽん》余《よ》分《ぶん》にあけて残すんだよ
シュポ
節約にならないんだけど

コレ700円《えん》ですって!!買《か》いましょう
処分《しょぶん》市
ワシの?試《し》着《ちゃく》してみるよ
処分700
ちょっと裾《すそ》が長《なが》いよ
そんなの裾《すそ》上《あ》げしてもらえば済《す》むコトじゃない
うーむ
何《なに》をまだ迷《まよ》ってんの?
裾上げ1000円
本《ほん》体《たい》より高《たか》いんだが…
それは迷うわね

ウグイスが鳴《な》いてる春《はる》ねぇ
ホーホケキョ
あーケータイの着《ちゃく》信《しん》音《おん》だわソレ
感《かん》動《どう》したのに〜
もー
ゴメンゴメン
ホーホケキョ
・・・・
感動していいよ
しまった〜〜
本《ほん》物《もの》だったか

あのさー
オレ甘《あま》い物《もの》食《た》べないから
無《む》駄《だ》な出《しゅっ》費《ぴ》はしなくていいよ
知《し》ってるけど?
それならいいんだ
バレンタインデーだよ
ちょっと買《か》ってくる
姉《ねえ》ちゃんまたこっち側《がわ》ハネてる
完全《かんぜん》にクセがついて直《なお》らないんだもん
毎日《まいにち》同《おな》じ向《む》きで寝《ね》てるからよ
たまには逆向《ぎゃくむ》きに寝てみれば?
!!
両方《りょうほう》ハネた

新《あたら》しい徳利《とっくり》とおちょこを買《か》ってみたよ
お
いいね
いつもの酒《さけ》がうまく感《かん》じられる
全《まった》くだこれは酒が進《すす》むなぁ
うまい
うまい
そんなにおいしくなるモンですかね
ん――…
とっくに味《あじ》なんて分《わ》からなくなってるわよ
水《みず》入《い》れちゃいましょうか

お天気《てんき》いいから出掛《でか》けてきまーす
お化粧《けしょう》しましたか?
いつも通《どお》りよ
今《いま》ごろの紫外線量《しがいせんりょう》は12月《がつ》の1.5倍《ばい》だとテレビで言《い》ってたから
きゃ――っ
日焼《ひや》け止《ど》め切《き》れてる
この顔《かお》のままでは外《そと》に行《い》けない
カラ
カラ
お化粧を1.5倍の厚《あつ》さに塗《ぬ》ればいいじゃん
その顔で外へ出るのもどうかと

今日《きょう》は洗《あら》い物《もの》の量《りょう》がすごいわ
あーー
イヤになる
もう水《みず》切《き》りのスペースがないから
鍋《なべ》は後《あと》で洗《あら》うしかないわね
ス…
ふいて片《かた》付《づ》けてあげよか
いいの いいの
後《あと》回《まわ》しにする口《こう》実《じつ》がなくなるから

何《なん》だか頭《あたま》が重《おも》いどこか悪《わる》いのかも…
病《やまい》は気《き》からっていうじゃないか
自《じ》分《ぶん》からその気になってはいかんな
ばあちゃん花《か》粉《ふん》症《しょう》はないんだっけ？
花《か》粉《ふん》情《じょう》報《ほう》によるとあんまり飛《と》んでないけど
なにっ
もう花粉情報出《で》てるの!?
何だか鼻《はな》がムズムズしてきた
あ
あ
完《かん》全《ぜん》にその気になってる

トントン
トントン
トン
ゴド
指《ゆび》切《き》った——!!
お父《とう》さん早《はや》く来《き》てーっ
いたい
いたい
大丈夫《だいじょうぶ》か!?
だから早く早く
どうしたらいいんだ
早く見《み》てくれないと血《ち》が止《と》まっちゃうじゃない
あ…
ツバつけときなさい

今日《きょう》は暖《あたた》かいから
1枚《まい》脱《ぬ》ぐか
よしっ
暖かくて出《で》掛《か》けたくなるような日《ひ》だけど
急《きゅう》に薄着《うすぎ》になった時《とき》は注意《ちゅうい》しないと風邪《かぜ》をひくわよ
コタツに入《はい》るだけだが?
どこか出掛けましょうよー

今年《ことし》はハーブを育《そだ》ててみようかしら
難《むずか》しくないですか？
初心《しょしん》者《しゃ》でも失敗《しっぱい》しないハーブもあるんですって
それはいいですね
育てたハーブを使《つか》った料理《りょうり》も作《つく》ってみたいのよね～
まあ
それは…
『鴨《かも》のコンフィ』とか『子《こ》羊《ひつじ》のガルディアンヌ』とか
育てるより使う方《ほう》が難しそう
フランス

もう春物《はるもの》着《き》てもいいと思《おも》う？
まだ寒《さむ》い日《ひ》もあるし少《すこ》しずつ春っぽくしていったら？
まずはコートだけ軽《かる》くするとかスカートだけ春物にするとか
うん
うん
ん!?
ん～～～っ
!!
まだお肉《にく》が冬《ふゆ》用《よう》のままだったわ
あっはは
冬用だったんだ

今《こん》シーズンも
インフルエンザにかからずに済《す》んだ
もう安《あん》心《しん》していいの？
ピークが1月《がつ》から2月だというからもう大《だい》丈《じょう》夫《ぶ》かな…と
それでもう大丈夫だなんて安《あん》易《い》な考《かんが》えねぇ
確《たし》かになぁ
2月はあと1日《にち》あるわよーっ
その考えもどうかと思《おも》うぞ

私《わたし》のこのセーター家《いえ》で洗《あら》えるかしら
おしゃれ着《ぎ》洗《あら》いの洗《せん》剤《ざい》を使《つか》えば大《だい》丈《じょう》夫《ぶ》よ
このセーターだよ？
それも洗えるわよ
もちろん
無《む》理《り》かと思《おも》った
ウールマークついてるし
ね
だってオシャレじゃないじゃん

ばあさんワシのくつ下《した》……
自分《じぶん》の洗濯物《せんたくもの》くらい自分で片付《かたづ》けてくれませんかねぇ
そこそこ
きゃー雨《あめ》降《ぶ》ってきた!!
おじいさん洗濯物洗濯物
ワシのは片付けたが?
そうそうそーゆー人《ひと》だった

今日《きょう》は女《おんな》の子《こ》の節句《せっく》だから私《わたし》の好《す》きな献《こん》立《だて》にして!!
姉《ねえ》ちゃん何歳《なんさい》までひな祭《まつ》りやるつもり?
何歳まで……かな
何歳まででもいいのよ
運気《うんき》が上《あ》がるし厄《やく》払《ばら》いになるから大人《おとな》になってもやるべきじゃない?
ばあちゃんとお母《かあ》さんの好きな物《もの》になるみたい

今日《きょう》から春《はる》物《もの》のトレンチコートに…
ん!?
ポケットに千《せん》円《えん》札《さつ》入《はい》ってた
何《なに》だかもうかった気《き》分《ぶん》♪
…ってコトは
そのコートクリーニングに出《だ》してないの?
クリーニングに出しておくよ
…この千円で
くん くん くん
ひゃあぁ
庭《にわ》にヘビがいた!!
そういえば今日《きょう》は啓《けい》蟄《ちつ》だったな
虫《むし》が出《で》てくる日《ひ》じゃないの?
昔《むかし》はヘビも虫に分《ぶん》類《るい》されていたんだ
よーし ワシも今日から毎《まい》日《にち》歩《ある》くぞ
ヘビに後《おく》れをとるわけにはいかん!!
ひもだった
う〜〜
コタツ コタツ

何《なに》してんの？
サービス券《けん》の整理《せいり》
財布《さいふ》がパンパンになっちゃって
これ有効期限《ゆうこうきげん》ギリギリだわ
やっぱりたまにはチェックしないと
あー3月末日《がつまつじつ》までだ
しかもデザート無料券《むりょうけん》!!
2014年《ねん》の
ん？

あの人《ひと》の息子《むすこ》さん確《たし》か今年《ことし》受験《じゅけん》じゃなかったかしら
あらこんにちは
こ…こんにちは
聞《き》いた方《ほう》がいいかしら
うかつなコトは…
実《じつ》は息子《むすこ》の大学《だいがく》がやっと決《き》まって…
ああよかった
ありがとう
ホントよかった
自分《じぶん》から切《き》り出《だ》してくれてヨカッタ

何《なん》だか落《お》ち着《つ》くいい香《かお》りがするわ
桜《さくら》の香りのお香《こう》をたいているのよ
ウチもまねしてお香をたくコトにしたの
ほぉ
ぶおおーっ
ぶおーっ
ぶおーっ
空気《くうき》清浄機《せいじょうき》の落ち着きがなくなった
お届《とど》け物《もの》です
ワレモノなのでご注意《ちゅうい》ください
友達《ともだち》からのお土産《みやげ》だわ
何《なに》？
乱暴《らんぼう》に扱《あつか》わないで!! 割《わ》れやすい物《もの》だから
そろ〜〜〜
何かしら陶器《とうき》？
クリスタルガラスだったりして
せんべいだったな
バリバリ
バリバリ
おいしい

今日《きょう》やるつもりだった事《こと》が思《おも》い出《だ》せん
うーん
ま、いっか
頑張《がんば》って思い出した方《ほう》がいいのよ
そっか
ひらめいた時《とき》のスッキリ感《かん》が脳《のう》にいいんですって
あ!!
スッキリした?
歯医者《はいしゃ》に予約《よやく》を入れるんだったよ
どんよりしたわね
昔《むかし》は3倍《ばい》返《がえ》しなんていったが
今時《いまどき》はどんなモンなのかな～
WHITE
一応《いちおう》ホワイトデーね
ありがとー
春物《はるもの》のスカーフ欲《ほ》しかったのよー
それで…小遣《こづか》いが心細《こころぼそ》くなっちゃってさ～
もー
仕方《しかた》ないわねえ
♪
2倍になって返《かえ》ってきた

3月《がつ》だというのに寒《さむ》い日《ひ》が続《つづ》いたり天《てん》気《き》が崩《くず》れたり
ヤダヤダ
毎年《まいとし》こんなモンだろ
毎日《まいにち》ポカポカ暖《あたた》かくて日光《にっこう》が降《ふ》り注《そそ》いで・・・
イメージだね
むしろ春《はる》は雨《あめ》が多《おお》いよ
何年《なんねん》日本《にほん》に住《す》んでんの？
あ〜〜〜3月だってゆーのに寒波《かんぱ》がきたり雨が・・・
・・・・
お昼《ひる》ご飯《はん》面倒《めんどう》だからお弁当《べんとう》にしちゃう？
おべんとう○○○○
どお？味《あじ》は
うん・・・まぁ
おいしいよ
反応《はんのう》がニブイわねえ〜280円《えん》だもんね
にひゃく・・・!?
おいしい
それならすごくおいしい

ボケ
ボケ!!
ボケ
ボケッ
梅《うめ》!!
桃《もも》でしょ
花《はな》の名《な》前《まえ》を当《あ》ててたのか
どこにいったのかしら爪《つめ》切《き》り
あーないない
ウロウロウロウロ
そんなに歩《ある》き回《まわ》るなら万《まん》歩《ぽ》計《けい》つけるといいよ
歩《ほ》数《すう》稼《かせ》ぎができるわね
わっ数《すう》歩《ほ》歩いただけで見《み》つけてしまった
よかったじゃないか
他《ほか》に何《なに》か捜《さが》す物《もの》ない？
普《ふ》通《つう》に散《さん》歩《ぽ》すれば？

えーと あとは 歯《は》ブラシ ……と
どこかへ 泊《と》まりに 行《い》くのか？
ワシは 聞《き》いと らんぞ
そーね おじいさんを 誘《さそ》うべき だったわ
名前《なまえ》の 溝《みぞ》を 歯ブラシで 掃除《そうじ》して
ゴシ ゴシ
お彼岸《ひがん》だったな
今年《ことし》の 選抜《せんばつ》高校《こうこう》 野球《やきゅう》大会《たいかい》には 大注目《だいちゅうもく》の 選手《せんしゅ》が いるんですって？
何人《なんにん》か 思《おも》い あたるが
岐阜《ぎふ》の 子《ご》の コトを 言ってる のかな
どう だった かしら
エースで ストレートが 最速《さいそく》 152キロで ……
う〜ん
なかなか の イケメン
たぶん その子
そーそー

あした冬物《ふゆもの》をクリーニングに出《だ》すわね
寒《かん》の戻《もど》りに備《そな》えて何《なん》着《ちゃく》か残《のこ》しておいて
たくさん出すと値引《ねび》きしてもらえるんだもん
じゃ寒《さむ》い日《ひ》どーすればいいんだよ
その時《とき》はアレがあるじゃない
何《なに》か持《も》ってたっけ?
根性《こんじょう》
ふ…
ガマンかな

三寒四温《さんかんしおん》とはいうが
いい加減《かげん》寒《さむ》いのはカンベンしてほしいな
心配《しんぱい》しなくてももう暖《あたた》かくなるよ
南《みなみ》からどんどん桜《さくら》が咲《さ》いてるもん
寒《さむ》い日《ひ》が続《つづ》くといいなぁ
花《はな》が持《も》つからでしょ

まあ留学《りゅうがく》を!?
大変《たいへん》だけど本人《ほんにん》がやりたいって言《い》い出《だ》したコトだから
ウチも本人が決《き》めたコトには協力《きょうりょく》していこうな
やりたいコトが見つかればいいけど
春《はる》休《やす》みにやってみたいコトがあるから
協力して
!!
連続《れんぞく》何《なん》時間《じかん》寝《ね》られるか挑戦《ちょうせん》するから
起《お》こすなって
スズメってかわいいよね〜
全《ぜん》部《ぶ》がかわいい
チュン チュン
何《なに》かついばんでる
何やってもかわいい
チラッ
バッ
!!

もう行くよー
あと少《すこ》し待《ま》って
お母《かあ》さんって出掛《でか》ける間際《まぎわ》までバタバタしてるよねー
そーそー
ごめんね～遅《おそ》くなって
・・・・
鍵《かぎ》掛けたと思《おも》うけど…確認《かくにん》してくる
お父《とう》さんって出掛けたあとにバタバタするよね

いい香《かお》りするね～晩《ばん》のおかず？
高《たか》い鍋《なべ》買《か》ったから料理《りょうり》するのが楽《たの》しくて
見《み》る？
最近《さいきん》ブランド鍋が人気《にんき》だもんね
フランスのホーロー鍋とかドイツの圧力《あつりょく》鍋とか
無名《むめい》ブランドのステンレス鍋だけどね
え～～と…
私《わたし》としては高《たか》かったとゆーか…
うんうん
いい鍋だよ

春《はる》は花《はな》の咲《さ》く木《き》が多《おお》くて楽《たの》しいわねえ
ウチも花の咲く木の苗《なえ》を植《う》えようかしら
肥料《ひりょう》をやったり害《がい》虫《ちゅう》駆《く》除《じょ》したり大《たい》変《へん》だろうが
ふーん
苦《く》労《ろう》をして咲かせた花はキレイだろうねぇ
人《ひと》が苦労して咲かせた花の方《ほう》がいいわ
新《しん》学《がっ》期《き》からはちゃんと予《よ》習《しゅう》復《ふく》習《しゅう》する!!
へー
お母《かあ》さんのお手《て》伝《つだ》いも毎《まい》日《にち》する!!!
はいはい
いつも言《い》うだけだから信《しん》じてないのかな～
あした改《あらた》めて言ってみれば?
エイプリルフール

まだジャム食《た》べる？
もう十分《じゅうぶん》
スプーンについてるジャムの残《のこ》りがもったいないから舐《な》めていい？
行儀《ぎょうぎ》悪《わる》いけど
いいよ
ズボッ
あーん
残り…
増《ふ》やしてるじゃないか
そろそろコタツ片付《かたづ》けませんか
まだまだコタツが必要《ひつよう》な季節《きせつ》だから
むしろいらない季節でしょ
肌寒《はだざむ》い日《ひ》もあるってコトだよな
ガマンできる陽気《ようき》だと思《おも》いますけど
春眠《しゅんみん》の季節本番《ほんばん》ってコトじゃない
あー
あー！。。
それはガマンできない

今夜《こんや》は皆既《かいき》月《げっ》食《しょく》なんだと
そうそう
ちょっと天気《てんき》が心配《しんぱい》だな
去《きょ》年《ねん》見《み》たから私《わたし》はどっちでもいいかな
今年《ことし》は特《とく》別《べつ》な月食になる可《か》能《のう》性《せい》があるぞ
え⁉
特別?
おぼろ月食になる可能性が!!
それって見えにくいだけじゃないの?
シャープペン買《か》ってもらった
新《あたら》しい文《ぶん》房《ぼう》具《ぐ》で新《しん》学《がっ》期《き》を迎《むか》えるんだな
文房具じゃないもん!!ステーショナリーだもん!!!
一緒《いっしょ》だろ?
オシャレなのはステーショナリー
文房具はどう見《み》ても文房具だよ
ホントだお父《とう》さんが持《も》つと文房具にしか見えない
・・・・

お母《かあ》さんいってきまーす
今日《きょう》から新《あたら》しい靴《くつ》?
うん
ピッカピカね
ホント!!靴だけピッカピカ
新しい服《ふく》も買《か》ってあげようかしら

新《しん》年《ねん》度《ど》の目《もく》標《ひょう》決《き》めた?
勉《べん》強《きょう》を頑《がん》張《ば》ろうと思《おも》う
あ〜
それじゃ三《みっ》日《か》坊《ぼう》主《ず》になるわね
目標は具《ぐ》体《たい》的《てき》に立《た》てないとね
そして期《き》間《かん》と目《もく》標《ひょう》数《すう》値《ち》を決めて計《けい》画《かく》的《てき》に
そうすれば理《り》想《そう》の体《たい》重《じゅう》も目《もく》前《ぜん》よ
何《なん》の話《はなし》?
ん?

何《なに》を探《さが》してんの？
寒《さむ》いからちょっと冬《ふゆ》物《もの》をね
全部《ぜんぶ》クリーニングに出《だ》すって言《い》ったじゃないの
ワシはどうすればいいんだ
へーきへーきすぐに暖《あたた》かくなるわよ
今日《きょう》は寒いねばあちゃん
クリーニング取《と》ってくるから待《ま》ってて
うん
ごめんねー
んごー
んごーっ
んご…
ふがっ
ハッ
自分《じぶん》のいびきに驚《おどろ》いて目《め》が覚《さ》めるなんて笑《わら》っちゃうわ
何年《なんねん》たっても慣《な》れないモンなの？
慣れないね
隣《となり》で寝《ね》てるじいちゃんは笑えないよな〜

お届《とど》け物《もの》です
旅行中《りょこうちゅう》の友《とも》だちからだわ
おおっ純米《じゅんまい》大吟醸《だいぎんじょう》か!!
今《いま》、ちょっとだけ味見《あじみ》する?
純米 大吟醸
昼間《ひるま》からこんないい酒《さけ》気《き》が引《ひ》けるから
じゃあ晩酌《ばんしゃく》で
うん 今はビールでいいよ
ちょっとじゃ済《す》まないでしょ

どうしてプリンの空《あ》き容器《ようき》を洗《あら》ってとっておくの?
もったいないし
いつか何《なに》かに使《つか》おうと思《おも》って
だとしてもキッチンに並《なら》べておくのはヤメて
あー
もう収納《しゅうのう》する場所《ばしょ》がないのよ~
使わないなコリャ

寝《ね》ても寝《ね》ても何《なん》だか眠《ねむ》たいわぁ
睡眠《すいみん》の質《しつ》が悪《わる》いんじゃないか？
何《なに》？それ
睡眠にはレム睡眠とノンレム睡眠があってね
は？
レム睡眠の頻《ひん》度《ど》が高《たか》くなると眠りが浅《あさ》く……
春《はる》だから眠いんじゃない？
うん
それでいいわ
……
この消《け》しゴムあなたの？
そうそう
なくしたと思《おも》ってたのよ
これは晴太《はれた》のこれはおじいさんの
おー
どうやって捜《さが》し出《だ》したんだ？
別《べつ》に捜してないけど
全《ぜん》部《ぶ》偶《ぐう》然《ぜん》？
コタツ片《かた》付《づ》けただけよ
あーー

さて掃《そう》除《じ》機《き》かけますか
コードレス掃除機が便《べん》利《り》よ
でも途《と》中《ちゅう》で充《じゅう》電《でん》が切《き》れそうで・・・
ブーン
いいからいいから
あれ？もう掃除終《お》わったの？
充電が切れてこれ以上《じょう》できないんですぅ
そいつぁ便利な掃除機だな
ほほう

ただいまー
おなか空《す》いた何《なに》かない？
晩《ばん》ご飯《はん》まで我《が》慢《まん》できない？
我慢できないご飯もちゃんと食《た》べる
最《さい》近《きん》食《しょく》欲《よく》がなかったから心《しん》配《ぱい》してたの
心配ないよ
何《なん》にせよ食欲が出《で》たみたいでホッとしたわ
うん今日《きょう》体《たい》重《じゅう》測《そく》定《てい》終《お》わったからね

酒《さけ》の安《やす》売《う》りを規《き》制《せい》する法《ほう》改《かい》正《せい》案《あん》を国《こっ》会《かい》に提《てい》出《しゅつ》だと？
町《まち》の酒《さか》屋《や》さんを守《まも》るためですって
困《こま》る!!
発《はっ》泡《ぽう》酒《しゅ》増《ぞう》税《ぜい》の時《とき》といいどうしてこーゆー・・・
気《き》楽《らく》に飲《の》めなくなるわね
・・・・
ん？
それでも飲むから困ってるんじゃないか
威《い》張《ば》られても困る

天《てん》つゆが残《のこ》っちゃいましたせっかくダシからとったのに
冷《れい》凍《とう》しておけば？
冷凍するほどは残ってないし
少《すこ》し足《た》して使《つか》えばいいのよ
それで残ったらまた足して
こうして秘《ひ》伝《でん》のタレは何十年《なんじゅうねん》も受《う》け継《つ》がれていくのであった
あしたには使《つか》い切《き》りましょう

各地《かくち》で記録《きろく》的《てき》日照《にっしょう》不足《ふそく》ですって
うん最近《さいきん》雨《あめ》や曇《くも》りの日《ひ》多《おお》かったよ
野菜《やさい》に悪影響《あくえいきょう》が出《で》て高騰《こうとう》しないか心配《しんぱい》
大《おお》きく育《そだ》たないもんね
腐《くさ》ったり葉《は》がカビたりする野菜もあるからねー
あ
影響出てるよ ほら カビカビのキュウリ
それは使《つか》い忘《わす》れ

ゴホゴホ
ゴホ
あら風邪《かぜ》? 大事《だいじ》にしてよォ
何《なん》か私《わたし》も風邪っぽくて
今《いま》ひいてる人《ひと》多《おお》いみたいよ
ばあさんも・・・
栄養《えいよう》とって
早《はや》く治《なお》さねば
あーら いつまでグズグズやってんのォ?
自分《じぶん》が治ると急《きゅう》に厳《きび》しくなるんだよな~

あーショック
ギャー
ギャー
もう外《そと》に出《で》られない
どうしたどうした
見《み》てよこの前髪《まえがみ》
え？何《なに》？
本当《ほんとう》に分《わ》からない
ゴメン
変《へん》だと思《おも》われない方《ほう》がショックだわ
？
？
お母《かあ》さーん靴下《くつした》にでっかい穴《あな》が開《あ》いたー
もう捨《す》てるしかないわねぇ
1回《かい》洗《あら》って床《ゆか》ふいてから捨てましょ
オレの靴下にも穴が
それも捨てるレベルね
これも床ふいてから捨てれば？
お父《とう》さんの靴下で床をねぇ
うーん
何《なに》で悩《なや》むのかな洗えばキレイだから

家庭《かてい》訪問《ほうもん》ではお茶《ちゃ》やお菓子《かし》は出《だ》さないでくださいって
はい
分《わ》かりました
それから服装《ふくそう》は普段着《ふだんぎ》でいいって
そう言《い》ってもらえると助《たす》かるわぁ
・・・・
まだ何《なに》か？
本気《ほんき》の普段着はやめて!!
はい
はい
分かりました

カレー作《つく》るの？
玉《たま》ネギあめ色《いろ》になるまで炒《いた》めてね
あめ色にするのは時間《じかん》がかかるのよね～
玉ネギを冷凍《れいとう》すると時間短縮《たんしゅく》できるわよ
へえ
3分《ぶん》の1ぐらいの時間ですむって
冷凍するのにどれくらいかかるの？
うーん
3～4時間かな

来《こ》ないなあ
パンくず置《お》いて何《なに》してんの？
鳥《とり》の声《こえ》がしたから餌付《えづ》けしようと思《おも》って
フンとかされたら汚《きたな》いじゃん
そんなコトない!! 毎日《まいにち》庭《にわ》に鳥が来《き》たら楽《たの》しいよ
あっ
来たよ鳥が
楽しいか？
キャー
鳥は鳥でもアイツらは別《べつ》っ!!
植木鉢《うえきばち》の土《つち》に虫《むし》がわいてる
トビムシなら植物《しょくぶつ》に害《がい》はないしほっといても平気《へいき》ですよ
気持《きも》ち悪《わる》いじゃない
害虫《がいちゅう》駆除剤《くじょざい》使《つか》ってみます？
薬《くすり》は使いたくないっ
それじゃ植《う》え替《か》えして丸《まる》ごと土《つち》を取《と》り換《か》えますか？
…ほっとけばいいと思《おも》うの

ゴールデンウィークだし映画《えいが》をレンタルしまくるぞー
え〜
普通《ふつう》みんな出掛《でか》けるでしょ
いやいやウチでDVDとか見《み》る人も多《おお》いって
洋画《ようが》
ウチで映画見る人なんていないわよ
げげっ
ほらねほとんどレンタルされてないでしょ
あーらザンネン
アナタの言《い》う通《どお》りね

今日《きょう》から仕事《しごと》かぁ
今日から学校《がっこう》かぁ
ストレッチでもしてやる気《き》出《だ》して!!
ホラホラ
出《で》るわけないでしょ
2日《か》行けばまた休《やす》めると思《おも》えば?
お
またすぐ休みかぁ

新緑《しんりょく》が青々《あおあお》としてキレイねえ
緑《みどり》色《いろ》なのにどうして青々って言《い》うの?
大《おお》昔《むかし》緑色を青といってた名残《なごり》みたいよ
いまだに残《のこ》ってるなんてすごいね
へー
『青』には若《わか》々《わか》しいとか色《いろ》以《い》外《がい》の意《い》味《み》もあるでしょ
日《に》本《ほん》人《じん》がそーゆー感《かん》覚《かく》を大《だい》事《じ》にしてる証《しょう》拠《こ》ね
『緑《みどり》々《みどり》して』って言いにくいからだったりして
あ・・・
ありうる

ふふっ
また母《はは》の日《ひ》にもらった手《て》紙《がみ》読《よ》んでるの?
見《み》て!!漢《かん》字《じ》を間《ま》違《ちが》えちゃってかわいいの♡
お母《かあ》さんただいまー
テスト返《かえ》ってきたー
どーしてこんな簡《かん》単《たん》な漢字を間違えるの!?
ゆうべはかわいい・・・って
あれ?

気《き》持《も》ちのいい五月《さつき》晴《ば》れだわ〜
本《ほん》来《らい》その使《つか》い方《かた》は誤《ご》用《よう》だ
5月《がつ》の晴《は》れた日《び》ではなく梅《つ》雨《ゆ》の晴れ間《ま》のコトだ
えー!っ知《し》らなかった
常《じょう》識《しき》だよジョーシキ!!
えー
そーなの!?知らなかったぁ
私《わたし》も初《はじ》めて知った
ねー
ボクも
実《じつ》はワシもさっき本《ほん》で知った

エステの体《たい》験《けん》コースに一緒《いっしょ》に参《さん》加《が》しない?
あんまり興《きょう》味《み》ないなぁ
そろそろ気《き》にした方《ほう》がいい年《とし》よ
どうしたのよォ急《きゅう》にエステに興味持《も》っちゃって
アナタも遠《とお》からず現《げん》実《じつ》を知《し》ると思《おも》うけど
何《なに》かあったの?
免《めん》許《きょ》の更《こう》新《しん》したの
あ…
免許の写《しゃ》真《しん》はキツイかも

お茶《ちゃ》の時間《じかん》かね？
新茶《しんちゃ》買《か》ってきたの
お湯《ゆ》は70度《ど》くらいに冷《さ》まして40秒《びょう》くらい…
あーもーうるさい
自分《じぶん》で入れたら？
くどくど
くどくど
そんな難《むずか》しい事《こと》ワシに出来《でき》るワケないだろ
じゃあ私《わたし》に指図《さしず》しないでよ
ばあさんなら出来ると思《おも》ってさ
ふーん
それならやってみてもいいけど？

トマト箱《はこ》買《が》いしちゃいました
あら〜すごいわね
健康《けんこう》にいいっていうし大好《だいす》きなんで
でも何《なん》で今《いま》ごろ？
何で…って今が旬《じゅん》ですよ
トマトブームは終《お》わったと思《おも》ってたから
いや…
服《ふく》とかの流行《りゅうこう》とはちょっと違《ちが》う気《き》が…
うーん…

ばあちゃん何《なに》してんの？
朝《あさ》顔《がお》の種《たね》を水《みず》につけてるのよ
こうしておくと土《つち》にまいた時《とき》に芽《め》が出《で》やすくなるの
お母《かあ》さん何《なに》してんの？
お米《こめ》を水につけてるのよ
こうしておくと芽が・・・
ダイジョーブ
炊《た》くから

おっ小枝《こえだ》を拾《ひろ》ってるね
巣《す》作《づく》りしてるんじゃない？
頑《がん》張《ば》っていい家《うち》を作《つく》ってねー
あ
でも玄《げん》関《かん》先《さき》はやめて
フンガイに堪《た》えないばあさんであった

もう『暑《あつ》さ指《し》数《すう》』が出《だ》されてるのか 熱《ねっ》中《ちゅう》症《しょう》に注《ちゅう》意《い》しないと
先《せん》週《しゅう》は暑かったからねぇ
気《き》温《おん》とは違《ちが》うの？
気温と湿《しつ》度《ど》と周《しゅう》辺《へん》の熱《ねつ》環《かん》境《きょう》を取《と》り入《い》れた指《し》標《ひょう》だよ
周辺の熱環境？
同《おな》じ気温でも場《ば》所《しょ》によって指数が違《ちが》うんだ
ばあちゃん 周辺は暑さ指数が高《たか》いでOK？
市《し》街《がい》地《ち》と森《しん》林《りん》とかだが
いや…

ねえねえ 話《わ》題《だい》のココナッツオイル売《う》ってるよー
へー
健《けん》康《こう》や美《び》容《よう》に効《こう》果《か》があって認《にん》知《ち》症《しょう》予《よ》防《ぼう》や改《かい》善《ぜん》にもいいって
ふーん
人《にん》気《き》のスーパーモデルも毎《まい》日《にち》取《と》ってるんだよ
ああそう
隣《となり》のおばさんも買《か》ってたっけ
試《ため》してみようかしら

UV対策《たいさく》商品《しょうひん》をいろいろ買《か》ってきた
へー
そろえたねぇ
本《ほん》気《き》出《だ》しただけよ
ばあさんにしては大枚《たいまい》はたいたな
実《じつ》は50%オフだったの
…ってコトは処分品《しょぶんひん》？
本気出すの遅《おそ》かったんじゃないかな
つーん
やらないよりはいいもん

何《なん》だか家中《いえじゅう》におうような…
クン
クンクン
ニオイが気《き》になる季節《きせつ》になってきたわね
思《おも》い当《あ》たるモノないですか？
うーん
やっぱり生《なま》ゴミだったわ
よかった原因《げんいん》が分《わ》かって
生ゴミだったって
よかったオレのせいじゃなくて

かっこいいウォーキングシューズ買《か》った
散《さん》歩《ぽ》は早《そう》朝《ちょう》がおすすめよ
チチチ…
チュンチュン
早朝はちょっと人《ひと》が少《すく》な過《す》ぎるなぁ
そこがいいんじゃない
せっかくかっこいいシューズ買ったのに〜
誰《だれ》もおじいさんの靴《くつ》なんて見《み》ないわよ

窓《まど》開《あ》けてるとウチの生《せい》活《かつ》が丸《まる》見《み》えだわ
すだれを垂《た》らしたらどうかと思《おも》って
おー
いいね
これで日《にっ》中《ちゅう》は完《かん》全《ぜん》に中《なか》が見えないわね
ばあさんパンツに穴《あな》が…
まだはけるわよ
聞《き》こえるケド

今《こん》夜《や》はカツオのたたきか!!
コレだけじゃおかず足《た》りないわよね
肉《にく》じゃがはあうかしら
うーん
たたきには何《なに》があうと思《おも》う
そうだなぁ…悩《なや》むトコロだが…
ねー
ビールもいいがやっぱり日《に》本《ほん》酒《しゅ》があうかな
お
か
ず

遠《えん》足《そく》?おやつはいくらまでなの?
お菓《か》子《し》なら買《か》ってないよ
晴《はれ》太《た》の学校《がっこう》遠足にお菓子禁《きん》止《し》だって
晴太の学校に限《かぎ》ったコトじゃないわよ
あーまたひとつ伝《でん》統《とう》が失《うしな》われそうだ
?
『バナナはおやつですか?』って先《せん》生《せい》とのやりとりだよ
え〜〜と
伝統?

やっぱり夏《なつ》は白《しろ》パンツよね〜
白は汚《よご》れが目《め》立《だ》つから着《き》ないって言ってましたよね
友達《ともだち》とのお食事会《しょくじかい》とかお出《で》掛《が》けの時《とき》しかはかないから
へーき
へーき
食事は一《いち》番《ばん》キケンな気《き》が…
うっ
ほかの機会《きかい》にはけばいいじゃないですか
お食事以外《がい》のお出掛けなんて思《おも》いつかない
雨《あめ》の季《き》節《せつ》がくる前に
タンスとかジメジメしそうな場《ば》所《しょ》に除《じょ》湿《しつ》剤《ざい》置《お》いて
押《お》し入《い》れの奥《おく》にカビてるシーツがあったんだけど
それ何年《なんねん》か前に買《か》った…
洗《あら》ったら落《お》ちるかな〜
あー
新品《しんぴん》なのに〜〜
あー
あー
置いてみた
ウジ
ウジ
グズ
グズ

男《だん》性《せい》用《よう》の日《ひ》傘《がさ》売《う》ってるわよお父《とう》さんも使《つか》ってみない？
やだよ
オレの周《まわ》りでは誰《だれ》も使ってないし
直《ちょく》射《しゃ》日《にっ》光《こう》は疲《つか》れるし男《おとこ》も紫《し》外《がい》線《せん》対《たい》策《さく》しないと
1500～
何《なに》を言《い》おうがオレの心《こころ》は動《うご》かないから
ははっ
直射日光は頭《とう》皮《ひ》にもよくないのよ
1500～
さっ
動いてる動いてる

ご飯《はん》の前《まえ》にお菓《か》子《し》食《た》べたら怒《おこ》られない？
パリ
パリ
ポリ
お母《かあ》さんが戻《もど》る前に証拠《しょうこ》隠滅《いんめつ》すれば平《へい》気《き》だよ
ポリ
おっしゃー痕《こん》跡《せき》を消《け》して完《かん》璧《ぺき》に!!
食べこぼしもキレイにふいたよ
ただいまー
部屋《へや》中《じゅう》お菓子のニオイが充満《じゅうまん》してるんだけど

須玖《すぐ》タカウタ遺跡《いせき》から
国内《こくない》最古《さいこ》の青銅鏡《せいどうきょう》の鋳型《いがた》が出土《しゅつど》したそうだ
紀元前《きげんぜん》2世紀《せいき》ごろの物《もの》らしい
すご～い
そんな大昔《おおむかし》にこれが!!
鋳型ってコトはすでに国内《こくない》生産《せいさん》されてた可能性《かのうせい》もでてきて…
すでにこんなオシャレなデザインがあったなんて
あぁそうね
すご～い
すご～い

食《た》べてすぐ寝《ね》ると牛《うし》になるわよ
ん～～
風邪《かぜ》をひくからタオルケットでも…
まだまだそれじゃ涼《すず》しいよ
タオルケットにする？肌布団《はだぶとん》にする？
普通《ふつう》の布団《ふとん》でもいいよ
全部《ぜんぶ》集《あつ》めてハムスターになった

おじいさん ご飯《はん》の量《りょう》 どれくらいにする？
少《すく》なめでお願《ねが》い
晴《はれ》太《た》は？
ボクは普《ふ》通《つう》で
普通でいいの？ おなかペコペコなんじゃないの？
いいの
はい どーぞ
ばあちゃんの普通は普通じゃないもん
確《たし》かに

こんな高《たか》い傘《かさ》をオレに!? なくしたらどうすんの
15.009
逆《ぎゃく》になくさないよう努《ど》力《りょく》するでしょ
・・・・そうだね
雨《あめ》の日《ひ》が楽《たの》しみね～♫
ざざーーっ
なくさないように…って置《お》いていったよ
そうじゃないっ

おいしーおまんじゅうもう一個《こ》食《た》べちゃお♡
食《た》べ過《す》ぎて後《あと》でグズグズ言《い》うなよ
確《たし》かによく後《こう》悔《かい》してるわね、私《わたし》
2個ぐらいでやめておいた方《ほう》がよくないか？
そーね
じゃあ3個ぐらいでやめておくわ
しれっと1個増《ふ》やしたね
おっと

またダラダラして!!
『時《とき》は金《かね》なり』って何《なん》回《かい》言《い》えば怠《なま》け癖《ぐせ》がなおるの？
それってフランクリンが言ったんだっけ？
もっと昔《むかし》、ディオゲネスだろうって聞《き》いたコトがある
紀《き》元《げん》前《ぜん》の古《こ》代《だい》ギリシャの哲《てつ》学《がく》者《しゃ》だよ
2000年《ねん》以《い》上《じょう》前《まえ》から言われてんの？
へー
へー
何回か言ったくらいじゃ人《にん》間《げん》変《か》わらないと思《おも》うな

何《なん》かこのタオルにおう
洗濯《せんたく》したてでしょ
くんくん
生乾《なまがわ》きではないの？
どれどれ
くんくん
何《なに》してんの？
洗《あら》いたてなのにニオウのよ～
そんだけみんなで顔《かお》の脂《あぶら》こすりつけてたら
もう洗いたてじゃないと思《おも》う

あらこの辺《へん》の葉《は》っぱ白《しろ》くなってる
白カビかもしれんな
管理《かんり》を怠《おこた》るからだ早《はや》く処置《しょち》しないと枯《か》れるぞ
あ～～…
そもそも愛情《あいじょう》が足《た》りないんじゃないの？
なるほどねぇ
いーから自分《じぶん》ちの庭《にわ》でやってくれんか

晴太《はれた》あ 洗濯物《せんたくもの》 畳《たた》むの 手伝《てつだ》って
え〜〜
ちょっと 忙《いそが》しい
せめて 自分《じぶん》の 物だけ でも 畳んで
あ〜〜 よかった オレの物 は洗濯 して なくて
よくない!! もっと マメに 着替《きが》え てよ

微妙《びみょう》な お天気《てんき》 ねえ
出掛《でか》ける んだけど 何《なに》を着《き》て いこう かしら
このあと 晴《は》れて 日光《にっこう》が 降《ふ》り注《そそ》ぐ らしいよ
完全《かんぜん》 防備《ぼうび》 だわ
気温《きおん》が グングン 上《あ》がって 湿度《しつど》も 高《たか》いから 熱中症《ねっちゅうしょう》 注意《ちゅうい》だと
じゃあ どう すれば いいの よっ
ワシに 言われ ても…

いつの間《ま》にか虫《むし》に刺《さ》されたみたい
寝《ね》てる間《あいだ》にダニにかまれたんじゃないか?
ボリボリ
お布団《ふとん》干《ほ》して
掃除機《そうじき》かけて
ふーー やれやれ
これで今夜《こんや》から安心《あんしん》して眠《ねむ》れるわ
寝《ね》てるのは夜《よる》だけじゃないけどなぁ…畳《たたみ》もなぁ
ボリ
ボリ

姉《ねえ》ちゃん歯《は》ブラシは鉛筆《えんぴつ》みたいに持《も》つんだよ
学校《がっこう》で磨《みが》き方《かた》習《なら》ったの?
ブラシの毛《け》を押《お》しつけないよーに弱《よわ》い力《ちから》で・・・・
こうして磨けば歯の健康《けんこう》は保《たも》たれるわけね
そーそー
磨けば・・・ね

アメリカンチェリー?
チェリー酒《しゅ》が簡単《かんたん》でおいしいと聞《き》いたから挑戦《ちょうせん》しようと思《おも》ってな
ちょっと味《あじ》見《み》ね
あま〜
初《はじ》めてだから失《しっ》敗《ぱい》するかもしれないけどね
失敗した
ばあさんに味見させるんじゃなかった
気《き》がついたら全部《ぜんぶ》食《た》べちゃってたわ
ゴメンゴメン

カエル飼《か》うんだエサもちゃんとあげる
ヤダ
気《き》持《も》ち悪《わる》いじゃん
いいじゃないエサもあげるって言ってんだから
お母《かあ》さんは平《へい》気《き》なの?
カエルが苦手《にがて》な人《ひと》もいるけどお母さんは…
あ…カエルは私《わたし》も平気
生《い》き餌《え》でないとね
問《もん》題《だい》はエサなんだな

お父《とう》さん父《ちち》の日《び》に欲《ほ》しい物《もの》ある？
家族《かぞく》そろっておいしい食事《しょくじ》ができればいいかな
うーん
それでいいの？
じゃあいつもより少《すこ》しぜいたくな物《もの》を
早速《さっそく》レストランに予約《よやく》しとくわね
外食《がいしょく》より家《いえ》でゆっくり食《た》べたいなぁ
外食にしよう外食に

アイス買《か》ってきてくれた？濃厚《のうこう》なヤツ
はいはい
アイスはもっと暑《あつ》くなってからでしょ
違《ちが》うんだな濃厚なタイプって今《いま》の方《ほう》がおいしいと思《おも》うな
ふむ
もっと暑くなったらアイスキャンディーとか氷菓《ひょうか》が食《た》べたくなるんだよ
アイスキャンディーも買ってあるけど
いただきまーす
いつだっていいじゃん

それでね～
あっ蚊《か》!!
私《わたし》、よく刺《さ》されるのよ～
パチン
話題《わだい》の『蚊が嫌《きら》う服《ふく》』を着《き》るといいんじゃない？
アウトドア派《は》の人《ひと》に人気《にんき》みたいよねー
私は何《なん》時《じ》間《かん》も外《そと》にいるコトないからいいわ
そうかもねー
あーそれでね
立《た》ち話《ばなし》だけで何時間外にいるんだ
ぺちゃ
くちゃ
ぺちゃ
パンツはくと
おなかぽっこりが目立《めだ》つわぁ
もっとフワッとした服《ふく》着《き》ればいいじゃない
このパンツをはきたいんですよ
息《いき》止《と》めて歩《ある》くとか
ばあさんと並《なら》んで歩けば全然《ぜんぜん》目立たないが

網戸《あみど》に変《へん》な虫《むし》がくっついてる
家《いえ》の明《あ》かりに誘《さそ》われて来《き》たんでしょ
よくある
よくある
何《なん》でそんな余裕《よゆう》なの？
騒《さわ》がなくてもそのうち飛《と》んで行《い》っちゃうわよ
網戸の内側《うちがわ》だけど
キャーキャーキャーキャーキャーキャー
お父《とう》さんホントに行《い》かないの？
留守番《るすばん》しながらやりたいコトもあるし
今日《きょう》は洗濯《せんたく》とかするコトがあるんだって
珍《めずら》し〜〜
雨《あめ》が降《ふ》らなきゃいいけど
かっ
て
命《いのち》の洗濯じゃない？

おはよ〜〜
今《け》朝《さ》は随《ずい》分《ぶん》早《はや》起《お》きなのね
え？あーー!!時《じ》間《かん》間《ま》違《ちが》えた
得《とく》したじゃない
そーかな
庭《にわ》の水《みず》やりとか掃《そう》除《じ》とか……予《よ》習《しゅう》する余《よ》裕《ゆう》もあるわね
もう一回《いっかい》寝《ね》る
ちょっちょっ
何《なん》で？
おじいさんもうすぐうるう秒《びょう》よ!!
今日《きょう》は8時《じ》59分《ふん》60秒があるんだったな
いつも時《じ》間《かん》にルーズなばあさんが…
今《いま》この瞬《しゅん》間《かん》の1秒は特《とく》別《べつ》だと思《おも》うとワクワクするのよ
あ…
今よ!!今の1秒よ
感《かん》動《どう》!!
キャー!!
その時《と》計《けい》間《ま》違《ちが》ってるわもう3分《ぷん》過《す》ぎてる
……

お母《かあ》さん服《ふく》が欲《ほ》しいんだけど
週《しゅう》末《まつ》にでも見《み》に行きましょう
今日《きょう》行こう今《いま》すぐ行こう
急《きゅう》ねえ
お母さんの気《き》が変《か》わらないうちに!!
変わらないわよ
だってあした期《き》末《まつ》テストが返《かえ》ってくるんだよ
?だから

せんべい買《か》ってきたよ
今《いま》の時《じ》季《き》すぐ湿《し》気《け》るから個《こ》装《そう》の方《ほう》がよかったんだけど
ありがと
袋《ふくろ》の口《くち》をしっかり留《と》めておけば大《だい》丈《じょう》夫《ぶ》だよ
なかなかねえ
うーんまぁ大丈夫だよ
どうかしらねえ
残《のこ》らないから
はっ

夏物《なつもの》バーゲン始《はじ》まってるよー
あー…
今週《こんしゅう》は涼《すず》しい日《び》が多《おお》かったからねえ
もっと暑《あつ》くならないとそそられないかな～
見《み》に行《い》くだけでも
Sale Sale
ムン
ムン
アツくなってんじゃん

お中元《ちゅうげん》にお茶《ちゃ》をいただいたよ
まー。
これはいいお茶だわもったいない
取《と》っておきましょ
取っておく方《ほう》がもったいないと思《おも》うな
むしろどんどん飲《の》むべきだよ
それもそうね
それじゃまずは去年《きょねん》のお茶から

あー七夕《たなばた》じゃん
織《お》り姫《ひめ》とひこ星《ぼし》が夫《ふう》婦《ふ》だって知《し》ってた？
結《けっ》婚《こん》してたの？
ラブラブ過《す》ぎて働《はたら》かなくなったから神《かみ》様《さま》に別《べっ》居《きょ》させられたんだよ
ちゃんと仕《し》事《ごと》するよーになったから年《ねん》に一回《かい》会《あ》うのを許《ゆる》されたんだって
ふむ ふむ
昔《むかし》は家《か》庭《てい》より仕《し》事《ごと》優《ゆう》先《せん》だったって話《はなし》かぁ
真《ま》面《じ》目《め》に働けばいいコトあるよって話でしょ
ああ…

パンなどの値《ね》上《あ》げにより…
値上げ!?
毎《まい》日《にち》買《か》い物《もの》してるのにテレビで初《はじ》めて知《し》ったわ
いつも特《とく》売《ばい》品《ひん》しか見《み》てないからかしら
あははは
そーゆーおじいさんは値上げのコト知ってたの？
もちろん
毎日テレビばっかり見てるからな
たまには買い物手《て》伝《つだ》ってよ

このスカート900円《えん》なのどうかしら
すごいすごい
900円には見《み》えませんよ!!
何《なに》を騒《さわ》いでんの?
コレ激安《げきやす》でね~
いくらだったと思《おも》う?
500円!!
・・・・・
あー
すごいね900円は安いね
ふ・・・
扇風機《せんぷうき》出《で》てるじゃん
まだいらないってお母《かあ》さん言《い》ってたのに
暑《あつ》がりのボクのためだね
私《わたし》が出《だ》してって頼《たの》んだからだよ
二人《ふたり》ともあっち行《い》って
はいはい
使《つか》っちゃダメよ

やっぱり降《ふ》ってきた
サイアク～～
ウチで雨《あま》やどりしていく？
やむまでゆっくりしていってね
また降るといいね
サイコー

どれにするの？
いろいろあって決《き》められないのよ
迷《まよ》った時《とき》は『No.1』の物《もの》だよ
ホラ『売《う》り上《あ》げNo.1』!!
ああ…
こっちは『満《まん》足《ぞく》度《ど》No.1』
これは『リピート率《りつ》No.1』
『注《ちゅう》目《もく》度《ど》No.1』もあった
どれにしよう
もう何《なに》が何《なん》だか

ついに無《む》人《じん》探《たん》査《さ》機《き》ニューホライズンズが冥《めい》王《おう》星《せい》に最《さい》接《せっ》近《きん》するよー
きっとすっごい写《しゃ》真《しん》が送《おく》られてくるよ
今《いま》まで望《ぼう》遠《えん》鏡《きょう》でしか見《み》られなかった星《ほし》なんだ
やっぱり近《ちか》くで撮《と》ると違《ちが》うのかしらね
あ
ん?
何《なに》?
お母《かあ》さん近くで見ると結《けっ》構《こう》シワシワ
隠《かく》されていた素《す》顔《がお》が今《いま》、明《あき》らかに〜〜〜

ねえ何《なん》か私《わたし》ニオわない?
くんくん
全《ぜん》然《ぜん》ニオわないけど
ジメジメしてると自《じ》分《ぶん》のニオイが気《き》になってね
気にし過《す》ぎなんだよ
でも念《ねん》のため
シュッ
シュッ
いい香《かお》りにしておきましょ
ばあさんすごくニオうよ
ふりかけ過ぎた

ガラッ
探《さが》し物《もの》？
押《お》し入《い》れに風《かぜ》を通《とお》そうと思《おも》って
雨《あめ》が長《なが》かったもんねぇ
次《つぎ》に雨が降《ふ》るまで開《あ》け放《はな》しておきましょう
ピシャッ
台《たい》風《ふう》情《じょう》報《ほう》出《で》てるよ

今年《ことし》もセミが鳴《な》きだしたね
体《からだ》の割《わり》に声《こえ》が大《おお》き過《す》ぎるよ
ミーン
ミンミンミン
ミーン
あれでメスを誘《さそ》ってるらしいとも言《い》われてるけど
婚《こん》活《かつ》のために大《おお》声《ごえ》に進《しん》化《か》したのかな
あはは
女《おんな》の子《こ》とつき合《あ》いたいなら黙《だま》ってちゃダメってコトだね
だってよ
？

あれ〜？
あの扇子《せんす》どこへいったのかしら
どんなの？大事《だいじ》な物《もの》なの？
おまけか何《なに》かでもらった汚《よご》れてもいいような物よ
！！
それなら百均《ひゃっきん》にあるよ
いやまぁ…
あるかもだけど
まだしばらくは『暑中《しょちゅう》見舞《みま》い』よね
立秋《りっしゅう》までは暑中だよ
今年《ことし》は筆文字《ふでもじ》で送《おく》りたいからちょっと練習《れんしゅう》期間《きかん》が必要《ひつよう》になってね
筆かぁ
どお？まだ練習続《つづ》けた方《ほう》がいい？
『残暑《ざんしょ》』の練習もしておいた方がいい

ただいま〜
バテたぁ ビール ある？
今日《きょう》ね ビールの おいしい 飲《の》み方《かた》 聞《き》いて きたわよ
いいね〜 どんな？
3回《かい》に 分《わ》けて コップに 注《そそ》ぐん だけど…
お父《とう》さん お風呂《ふろ》 沸《わ》いてるよ
お 先《さき》に 入《はい》ろう かな
で、どんな 飲み方 だって？
湯上《ゆあ》がり に 勝《か》てる かなぁ

雨《あめ》降《ふ》ってる？ 買《か》い物《もの》に 行《い》きたい んだけど
今《いま》は やんでる
やんでる うちに 走《はし》って 行って くるね
いって らっしゃーい
あー また 降って きたよ
お母《かあ》さん どうした かな〜
降って きたから 走って 帰《かえ》ってきた
どっちに しても 走る運命《うんめい》

土用《どよう》の丑《うし》の日《ひ》は うなぎの日!!
今夜《こんや》は スーパーの うなぎで いっか
平賀源内《ひらがげんない》が そう 宣伝《せんでん》して くれた おかげで ラクだわ
ねー
平賀源内が 決《き》めたの?
…って 言《い》われてるよ
江戸《えど》時代《じだい》から 宣伝《せんでん》効果《こうか》が 続《つづ》いてるって すごいと 思《おも》わない?
いつの 時代《じだい》も 献立《こんだて》を 考《かんが》える のが大変《たいへん》 だったの かなと思う
いつも おつかれ さまです
あれ? その パンツ ……
お母《かあ》さんが 買《か》っといて くれた みたい
……
おかーさーん
この 短《たん》パン 涼《すず》しいね
やだー それ お父《とう》さんの トランクス 前《まえ》に窓《まど》が あるでしょ
うそーん
ぎゃあああああ
いわれ なき 罪悪感《ざいあくかん》

プールに勉《べん》強《きょう》に……あとは……
夏《なつ》休《やす》みの計《けい》画《かく》表《ひょう》？
やっぱり計画を立《た》てて生《せい》活《かつ》しないとね
お手《て》伝《つだ》いも入れておいてよ
お手伝い……っと
よし!! できた
月《げつ》曜《よう》日《び》プール 火《か》曜《よう》日《び》勉強 水《すい》曜《よう》日《び》……
一日《いちにち》の中《なか》で振《ふ》り分《わ》けるでしょフツー
いやいや

ちょっとお昼《ひる》寝《ね》しよっと
良《よ》い昼寝は15分《ぷん》〜20分《ぷん》午《ご》後《ご》3時《じ》以《い》降《こう》はよくないらしいよ
ホントかな〜
夏《なつ》休《やす》みの自《じ》由《ゆう》研《けん》究《きゅう》としていろんな昼寝を試《ため》してみれば？
夏休みだけじゃ比《くら》べるホドたくさん昼寝できないよ
仕《し》方《かた》ないなぁ
協《きょう》力《りょく》してあげる
私《わたし》も
仕方なく？

朝《あさ》から太陽《たいよう》がまぶし〜〜〜
洗濯日和《せんたくびより》よね〜
いつもこーゆー日《び》に洗濯したいモンです
ホント!!
やったあ
暑《あつ》くなりそう
晴太《はれた》も暑い方《ほう》がいいの?
午後《ごご》も洗濯出《で》るわよ
プールなんだ
だからってやりたいワケじゃなくて…

なめろうかね?
冷酒《れいしゅ》でやりたいねえ
日本酒《にほんしゅ》ならあるわよ
トントン
トントン
冷蔵庫《れいぞうこ》には入《い》れてなかったけど
冷《ひ》えてないのかぁ
ちょうど人肌《ひとはだ》に温《あたた》まってていいんじゃない?
あははは
人肌とか…
毎日《まいにち》どんだけ暑《あつ》いんだ

変《へん》ねぇ
スイッチ入《い》れてないのに勝手《かって》にエアコンが動《うご》いてる
霊《れい》の仕《し》業《わざ》だよ
霊が電気《でんき》系統《けいとう》にいたずらする話《はなし》はよく聞《き》くよね～
やめて～～!!
プラグ抜《ぬ》けてるのにテレビがついてたりとか
ヒッヒッヒッヒッ
電気代《でんきだい》かからないじゃん
あーあ
目《め》ェ輝《かがや》いちゃった

お昼《ひる》何《なに》にします？
夏大根《なつだいこん》があるからおろしでさっぱり冷《ひ》やしうどん
夏大根はからいですし……
だからさっぱりするんじゃない
たっぷりのおろしでさっぱりしたいねえ
いいね
うおおお大量《たいりょう》のおろし～～!!
ザッザッザッ
お母《かあ》さん汗《あせ》でベトベトじゃん

有閑《ゆうかん》マダムみたいな帽子《ぼうし》だね
バーゲンでも結構《けっこう》したのよ
頭《あたま》蒸《む》れてるんじゃない?
分《わ》かる?
でも暑《あつ》くてもオシャレ優先《ゆうせん》だから
帽子見《み》ればかかるけど
汗染《あせじ》みが!!
オシャレは?
帽子優先になりました
フワフワかき氷
すごい行列《ぎょうれつ》だ
人気《にんき》があるのはおいしい証拠《しょうこ》よ並《なら》びましょ
おいしー
こっちはもっと人気あるわよ並ぼ並ぼ
ここは何《なん》のお店《みせ》なの?
え!?え〜と…?
トイレでした
一番《いちばん》人気だわ

ん〜〜〜 さっきから ズボンが ずり落《お》ちそうだ
サイズ間《ま》違《ちが》えて買《か》っちゃったとか
以《い》前《ぜん》は問《もん》題《だい》なくはいてたヤツだよ
もしかしてやせたんじゃないの？
まさか……
きっとそうだ 最近《さいきん》やせたな…って思《おも》ってたんだよ
ベルトが壊《こわ》れただけだった
あれ？

あー
何《なん》か最近《さいきん》足《あし》がむくむ
就《しゅう》寝《しん》時《じ》足を10センチくらい上《あ》げるといいって
こんなカンジ？
血行《けっこう》もよくなるしダイエット効《こう》果《か》もあるんだって
まぁ
いいコト聞《き》いた
もう安心《あんしん》
ポリ
ポリ
就寝時だってば

暑《あつ》いけどエアコンは苦《にが》手《て》だなぁ
庭《にわ》に打《う》ち水《みず》してくるわね
温《おん》度《ど》計《けい》は下《さ》がらないぞ
すだれに水《みず》を掛《か》けるのもいいらしいわ
全《ぜん》然《ぜん》下がらん
シュッ
シュッ
シュッ
はぁはぁ
ヨロ…
大《だい》丈《じょう》夫《ぶ》? 夏《なつ》バテか?
最《さい》近《きん》の暑《あつ》さで…夏バテに効《き》くモノないかしら
フラフラ
何《なに》かなうなぎとか…
カランカラン
!!
シャキーン!
タイムバーゲンです
ドドドド
タイムバーゲンはよく効く

こんにちは～
あら!!晴太《はれた》クン焼《や》けたわねぇ
家族《かぞく》で海《うみ》に行《い》ったんです
こんにちはー
まあお姉《ねえ》ちゃんも
私《わたし》が一番《いちばん》焼けてるけどね
白《しろ》いじゃない
ビーチサンダル忘《わす》れちゃって
うわあ
足《あし》の裏《うら》が水《みず》ぶくれ

今度《こんど》旅行《りょこう》するトコロテレビでやってるよー
見《み》る見る!!
ココも行《い》く予定《よてい》だよねー
お父《とう》さんも見て!!すごく詳《くわ》しくやってる
ホントだな
もう行く必要《ひつよう》ないくらいだな
私《わたし》たちは行くけど?
行く!!お父さんも行くよ

今夜《こんや》は夜中《よなか》まで起《お》きててペルセウス座《ざ》流星群《りゅうせいぐん》見《み》るんだ
ムリムリ
寝《ね》ちゃうでしょ
楽《たの》しみにしてたんだもん絶対《ぜったい》寝ないよ
一番《いちばん》多《おお》く見られるのは夜明《よあ》け前《まえ》だったと思《おも》うよ
それじゃ早起《はやお》きした方《ほう》がいいんじゃない？
無理《むり》無理
起きられないよ
夜更《よふ》かしも楽しみのうちなんだな

いつまで暑《あつ》さが続《つづ》くんだ日本《にほん》ほど蒸《む》し暑い国《くに》もないだろ
夏場《なつば》は外国《がいこく》に行《い》きたいなぁ
最高気温《さいこうきおん》50度《ど》前後《ぜんご》の国《くに》もあるしイランでは体感温度《たいかんおんど》74度を記録《きろく》したって
日本だけじゃないのか
今年《ことし》の平均気温《へいきんきおん》は地球規模《ちきゅうきぼ》で観測史上《かんそくしじょう》最高《さいこう》になりそうなんだよ
火星《かせい》に行くしかないな
火星に着《つ》くころには夏終《お》わってると思《おも》う

お墓《はか》に行くって？
お盆《ぼん》なのに意味ないじゃん
何《なん》で？
ご先《せん》祖《ぞ》は現《げん》世《せ》に帰《かえ》ってきてるしお墓は留《る》守《す》だよ
誰《だれ》もいないなら行っても仕《し》方《かた》ないね
そっか
そんなコトないわよ
掃《そう》除《じ》したりお参《まい》りしたりするのはいつでも喜《よろこ》んでくれる
肝《きも》試《だめ》しに行くんだって
喜ばれる？

余《あま》ったかば焼《や》きのタレっていつまで持《も》つのかしら
こないだ食《た》べたスーパーのウナギの…
ああ…
かば焼きのタレは賞《しょう》味《み》期《き》限《げん》長《なが》いからまだ大《だい》丈《じょう》夫《ぶ》だよ
詳《くわ》しいのね
へー
うんテレビで言ってたから
『ウチのタレは60年《ねん》間《かん》変《か》わらず使《つか》い続《つづ》けています』って
老《し》舗《にせ》じゃないからスーパーのだから

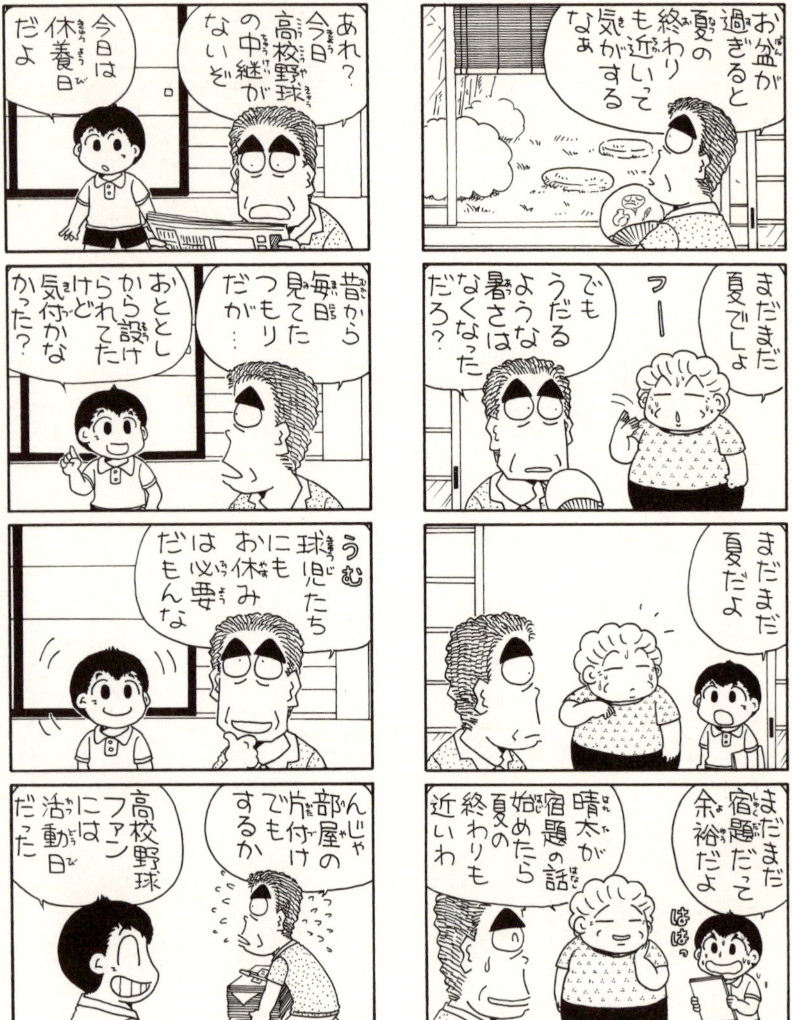
お盆《ぼん》が過《す》ぎると夏《なつ》の終《お》わりも近《ちか》いって気《き》がするなぁ
まだまだ夏でしょ
フーー
でもうだるような暑《あつ》さはなくなっただろ?
まだまだ夏だよ
まだまだ宿《しゅく》題《だい》だって余《よ》裕《ゆう》だよ
ははっ
晴《はれ》太《た》が宿題の話《はなし》始《はじ》めたら夏の終わりも近いわ
あれ?今日《きょう》高《こう》校《こう》野《や》球《きゅう》の中《ちゅう》継《けい》がないぞ
今日は休《きゅう》養《よう》日《び》だよ
昔《むかし》から毎《まい》日《にち》見《み》てたつもりだが…
おととしから設《もう》けられてたけど気《き》付《づ》かなかった?
うむ 球《きゅう》児《じ》たちにもお休《やす》みは必《ひつ》要《よう》だもんな
んじゃ部《へ》屋《や》の片《かた》付《づ》けでもするか
高校野球ファンには活《かつ》動《どう》日《び》だった

あ〜〜
のどが
かわく
ゴク
ゴク
晴太《はれた》のおなかすごいコトになってるよ
わっホントだ!!
ちゃぷん
ちゃぷん
水《みず》の音《おと》がするほど飲《の》んじゃダメなんだよ
ちらっ
水分《すいぶん》じゃないから心配《しんぱい》しないで
ぷよん
ぷよん
脂肪《しぼう》もどうかと
・・・・

やった
引《ひ》き出《だ》しの奥《おく》からチョコレート出《で》てきた
ボクにも頂戴《ちょうだい》!! 1本《いっぽん》でいいから
1本だけだよ
ボトッ
溶《と》けてくっついたー!!
やったー!!
今年《ことし》暑《あつ》過《す》ぎ〜

だいぶ気温《きおん》が下《さ》がって
朝夕《あさゆう》は過《す》ごしやすくなったわ
ピシャッ
ボリボリ
ピシャッ
蚊《か》が最《もっと》も活動《かつどう》するのは25度《ど》から30度くらいだって
イラつく気温になったわ

スイカもそろそろ終《お》わりかしら
あと1回《かい》スイカ食《た》べたい
かき氷《ごおり》も
私《わたし》は冷やし中華《ちゅうか》!!
はいはい
とうもろこし
冷《れい》しゃぶ
お昼《ひる》はそうめんよー
そうめんは、もういいや

あ～～セミが…短《みじか》い命《いのち》だったね
ひっくり返《かえ》って起《お》き上《あ》がれないだけかも
ホラ足《あし》を開《ひら》いてるうちは生きてるんだよ
へー
わしっ
起き上がれてよかったねー
ひゃあああぁ

わーい
花《はな》火《び》は1本《ぽん》ずつやってよ
危《あぶ》ないし
だからぁ
ケホ
ケホ
一《いち》度《ど》に何《なん》本《ぼん》もやるなって
あれ?
ボクじゃないよ
1本だけど?

あーやせたい
毎日《まいにち》同《おな》じコトを言ってるなぁ
夏《なつ》やせに期待《きたい》したんだけど
あなたはいつも元気《げんき》ねぇ
私《わたし》は最近《さいきん》夏バテ気味《ぎみ》でね
そういえばちょっとやせた
3キロぐらい
あーバテたい
ん？何《なん》か変《か》わった

蚊《か》だ!!
わっ
蚊を退治《たいじ》する時《とき》は手《て》の中《なか》に空洞《くうどう》ができるよーにして
ポンッ
風圧《ふうあつ》で気絶《きぜつ》させると潰《つぶ》れなくていいんだって
バチーン!!
いやいや潰した方《ほう》がいいでしょ
『こんなに吸《す》われた』って確認《かくにん》するの楽《たの》しくない？
吸われる前《まえ》に退治しようよ

夕方《ゆうがた》がくるのが早《はや》くなってない？
うん涼《すず》しいねー
もうエアコンいらないかも
ちょっとエアコンつけていい？
あつー
あつー
お母《かあ》さん季節感《きせつかん》なさ過《す》ぎ
鈍感《どんかん》〜
晩《ばん》ごはん作《つく》ってみる？
天《てん》ぷらにみそ汁《しる》
ごくろーさま〜

最近《さいきん》おなかの調子《ちょうし》が…
夏《なつ》の疲《つか》れが出《で》たんじゃない？
ゴロゴロ
何《なん》だか肩《かた》がこって…
夏の疲れなんじゃない？
お父《とう》さんに言《い》わせると何でも夏の疲れなんだね
やだ〜
シミが急《きゅう》に増《ふ》えたぁ
年《とし》なんじゃない？

本格的《ほんかくてき》に夏《なつ》も終《お》わりと思《おも》うと寂《さび》しいですね
さわ
さわ
ちょっと秋物《あきもの》買《か》ってみれば?
早《はや》く着《き》たくて秋が待《ま》ち遠《どお》しくなるわよ
本当《ほんとう》!! ワクワクしてきます
3万《まん》2千《せん》4百《ひゃく》円《えん》です
!
!
秋よ早く来《こ》い～!! そして長《なが》く続《つづ》け～
とりあえず寂しさはふっ飛《と》んだよーで

カレンダーって毎月《まいつき》捨《す》てる時《とき》ためらうわ
もったいなーい
またメモ用紙《ようし》作《つく》れば?
また?
じゃ裏《うら》に落書《らくが》きしてもいい?
これで捨てられるね
どお? 似《に》てる?
永久《えいきゅう》保存《ほぞん》だ!!

ウチの防災《ぼうさい》グッズどこにあるか覚《おぼ》えてる？
もちろん
懐中電灯《かいちゅうでんとう》がないけど？
すぐ使《つか》えるよーにキッチンに置《お》いてあるだろ
おじいさん全部《ぜんぶ》把握《はあく》してるのね
あった!!
電池《でんち》が切《き》れてるのも把握してるよ
換《か》えておいてよ
カチカチ
カチ
カチ

2015年《ねん》9月《がつ》3日《か》は人類《じんるい》滅亡《めつぼう》の日《ひ》だよ
何《なに》？ノストラダムス？
それとは違《ちが》う予言《よげん》だけど
数年前《すうねんまえ》にもそんな騒動《そうどう》があったよねえ
今回《こんかい》のがホントなんだって
う～ん
ちなみに次《つぎ》の滅亡予定《よてい》は？
2020年3月
2039年1月
そのあとは…
たぶん今回も大丈夫《だいじょうぶ》だと思《おも》う

ワイドパンツ欲《ほ》し～
私《わたし》は流行《りゅうこう》とか分《わ》かんないから好《す》きな服《ふく》買《か》えばいいよね
トレンドカラーぐらいおさえておけば？
オレンジかしら
あー
え？マルサラじゃないの？
私はダークブルーって聞《き》いたけど？
うん好きな服買うわ

今学期《こんがっき》から勉強時間《べんきょうじかん》増《ふ》やすんじゃなかったの？
何《なん》だか夜《よる》はダラ～っとしちゃうんだもん
それなら早寝《はやね》すればいいのに
早起《はやお》きして朝《あさ》に勉強しよう
そっか!!
そうと決《き》まれば今夜《こんや》から早寝よ
睡眠時間《すいみんじかん》が延《の》びるだけかも

今週《こんしゅう》は晴《は》れそう？ また雨《あめ》？
秋《あき》ってこんなに雨が多《おお》かったかしら
ビミョ〜
秋霖《しゅうりん》って言葉《ことば》があるくらいだから
家事《かじ》って洗濯《せんたく》とか雨の影響《えいきょう》をかなり受《う》けるのよね〜
オレたちも影響大《おお》きいよなー 靴《くつ》とか傘《かさ》とか
な
降《ふ》ったら走《はし》るだけだけど？
あんまり関係《かんけい》ないみたい

日本人《にほんじん》が一番《いちばん》よく食《た》べる野菜《やさい》は大根《だいこん》だと
どう思《おも》う？
私《わたし》はキャベツの方《ほう》が好《す》きだな
好きな野菜とは別《べつ》なんでしょ
私はトマトだもん
ワシは大根が好きだよ
ボクはイチゴ〜〜!!
野菜って言《い》ってんじゃん
イチゴは野菜だよ
いやいやいや
メロンは？ スイカは？
論点《ろんてん》変《か》わってるし〜

国《こく》産《さん》のマツタケって桁《けた》違《ちが》いだわ〜〜
ちょっとコレ見《み》て見て〜
買《か》わないのに何《なん》で見に行《い》くの？
国産マツタケなんてたまにしか見られないからね〜
ねーうわーすごーい
誰《だれ》が買うの〜
¥24000
値《ね》札《ふだ》しか見てないみたいだけど？

バスケットボール女子《じょし》はリオ行きを決《き》めたけど
バレーボール女子は来《らい》年《ねん》5月《がつ》まで持《も》ち越《こ》しか
2016年《ねん》のオリンピックの予《よ》選《せん》始《はじ》まってるの？
バレーはこないだのワールドカップがそうだよ
あー!!あの試《し》合《あい》出《しゅつ》場《じょう》権《けん》がかかってたの!?
しまったー!!
全《ぜん》力《りょく》で応《おう》援《えん》すればよかった
うんうん
そしたら勝《か》ってたかもねぇ

あけび 売《う》ってる あけびって どんな味《あじ》 ？
昔《むかし》、山《やま》で もいで 食《た》べた 時《とき》は 甘《あま》かった なあ
いちじくも 売ってるよ
昔、近所《きんじょ》に いちじくの木《き》が あって 学校《がっこう》帰《がえ》りに よく 食べたよ
懐《なつ》かしい
いいなぁ 昔は なってる 実《み》を 食べられた なんて
怒《おこ》られた けどな
ダメ じゃん

いい声《こえ》で 虫《むし》が 鳴《な》いてる
リーリー
リーリー
リー
この虫… 庭《にわ》に いるのよ ねえ
見《み》たコト ないけど
昼間《ひるま》は どこかに 潜《ひそ》んで いるんで しょうね
見たコト ないけど
ゆうべ 話《はな》してた ヤツ 見つけて きたよ
だから って 見たい ワケじゃ なくてね

今週末《こんしゅうまつ》どうするの？そろそろ予定《よてい》を立《た》ててよ
何《なに》かあったっけ？
シルバーウイークを忘《わす》れたワケじゃなかろうな!?
シルバーウイーク？
あー5連休《れんきゅう》
そーゆーコトか!!
春《はる》がゴールデンウイークだから秋《あき》はシルバーなんだな
完全《かんぜん》に忘れとる
今日《きょう》は『老人《ろうじん》の日《ひ》』なんだよ
知《し》ってた？
敬老《けいろう》の日と何《なに》が違《ちが》うの？
敬老の日はお年寄《としよ》りを敬《うやま》う日
老人の日は『生活向上《せいかつこうじょう》に努《つと》める意欲《いよく》を促《うなが》す日』だって
ほぉー
じいちゃんもボランティアとか参加《さんか》してみれば？
うむ
考《かんが》えてみてもいいね
……
老人になったらなっ!!

えー〜っ 引《いん》退《たい》!?
まじかー
まだできるだろー!!
大好《だいす》きな野《や》球《きゅう》選《せん》手《しゅ》が引退するんですって
こうしてはいられないぞ
何《なに》をあわててるの?
試《し》合《あい》を見《み》に行って現《げん》役《えき》姿《すがた》を目《め》に焼《や》きつけておくんだ
今年《ことし》一《いち》番《ばん》熱《あつ》くなってない?
あの光《ひか》り輝《かがや》く現役次女を
そろそろ扇《せん》風《ぷう》機《き》片《かた》付《づ》けてもいいと思《おも》う?
そうだね
その前《まえ》に軽《かる》く掃《そう》除《じ》しておけば?
ですねー
軽くふいときますか
あっこれは意《い》外《がい》に…
ああっ
軽くというワケには…
そーだ!!
片付けは土《ど》日《にち》にすればいいのよ
オレがやるみたいね

栗《くり》ご飯《はん》だ!!
いっぱいよそうよ
はふ はふ はふ はふ
栗だけよって食《た》べるんじゃないわよ
よ…よってないよね
全部《ぜんぶ》食《た》べただけ
あーー

敬《けい》老《ろう》の日《び》のお祝《いわ》いをしたいんだけど
『年《とし》寄《よ》り扱《あつか》いするな』って怒《おこ》られそうで
どうしようう
お祝いすればいいじゃないか
完《かん》全《ぜん》スルーも寂《さび》しいもんだぞい
あわわ
ばあさんもひねくれ者《もの》だなぁ困《こま》ったモンだ
じいちゃんの話《はなし》だったんでしょ
しーーーっ

あらいい香《かお》り
キンモクセイの香りだ
ウチの庭《にわ》にも植《う》えたいわぁ
うん
いいねえ
栗《くり》や柿《かき》みたいな実《み》のなる木《き》も植えたいわ
うん
いいねぇ
とりあえずもっと大《おお》きい庭がいるわね〜
うん
うん
無《む》理《り》だねぇ

1月《がつ》5月9月の25日《にち》は『主《しゅ》婦《ふ》休《やす》みの日《ひ》』ですって
そんな日があるなんて知《し》らなかった
それじゃ今日《きょう》は炊《すい》事《じ》洗《せん》濯《たく》お掃《そう》除《じ》と休んじゃいますか!!
休も
休も
・・・・・
ムズ
ムズ
ムズ
ムズ
ムズ
ムズ
ムズ
・・・・・
あした2日《か》分《ぶん》やるコトになるだけの気《き》がする

もしかして月《つき》見《み》だんご？
そうそうお月《つき》様《さま》にお供《そな》えしたらみんなで食《た》べましょ
ちなみに十《じゅう》五《ご》夜《や》はあしただよ
1日《にち》たつと硬《かた》くなっちゃうわよ～
それは困《こま》ったね
しまったー
ホント困った～
あしたも作《つく》るしかないじゃな～い
困ってないと確《かく》信《しん》した

こんな夜《よる》にどこへ行《い》くの？
もうすぐ運《うん》動《どう》会《かい》だからさ
トレーニングね
本《ほん》番《ばん》で急《きゅう》に張《は》り切《き》って走《はし》るとケガするからな
練《れん》習《しゅう》から張り切りすぎよ

夕立《ゆうだち》よ、走《はし》る？
少《すこ》し待《ま》てばやむね
空《そら》を見《み》てごらんよ
ホーラぬれなくて済《す》んだだろ
行くぞ
あーらびしょぬれ

何《なん》で冬服《ふゆふく》出《だ》してんの？
10月《がつ》になったら冬服でしょ
暑《あつ》そう
サイズはまだ大丈夫《だいじょうぶ》かしら
一応《いちおう》着《き》てみて
ちょうどいいよ
よかった
おなかがスースーして涼《すず》しくてちょうどいいよ
ダメじゃん

ワー
ワー
ワー
ワー
ラグビーワールドカップ面白《おもしろ》い!!
ペー
ラグビーってあんまり見《み》たコトないわぁ
一度《いちど》見てみるといいよ
どうしたら点《てん》が入《はい》るの?
今《いま》は何《なに》をやっているの?
ルール知《し》らないから何やってんのか全然《ぜんぜん》分《わ》からないけどね

今月《こんげつ》から一部《いちぶ》地域《ちいき》で
優先席《ゆうせんせき》付《ふ》近《きん》で携帯《けいたい》電話《でんわ》の電源《でんげん》を切《き》る必要《ひつよう》がなくなったんだな
あんまり電車《でんしゃ》に乗《の》らないからピンとこない
私《わたし》も
オレも関係《かんけい》ないわ
おまえは毎日《まいにち》通勤《つうきん》で電車を使《つか》ってるだろーが
ふ…
『混雑時《こんざつじ》には電源をお切りください』なんだよねー
混雑時にしか乗ったコトない

夏物《なつもの》…
白《しろ》っぽい服《ふく》だけ洗《あら》い直《なお》してから片付《かたづ》けようかしら
1回《かい》洗えば十分《じゅうぶん》でしょ
来《らい》シーズンタンスから出《だ》した時《とき》黄《き》ばんでたりしませんか？
平気《へいき》平気
そうですか？
くんくん
もとの色《いろ》なんて誰《だれ》も覚《おぼ》えてないって
そうですね
がっ がっ がっ
おっこの古本《ふるほん》いっぱい書《か》き込《こ》みがある
前《まえ》の持《も》ち主《ぬし》が書いたのかしら
著《ちょ》者《しゃ》に意《い》見《けん》してるよ
頭《あたま》良《よ》さそ〜
何《なに》をあわてて消《け》してんの？
古本になった時《とき》に見《み》られたくないもん
ゴシ ゴシ ゴシ
絶対《ぜったい》『頭悪《わる》そう』って言《い》われる

夜《よる》はかなり涼《すず》しくなったなぁ
寒《さむ》いくらいだ
ビール飲《の》むのをやめれば？おなかが冷《ひ》えたんだわ
まさか
現《げん》に寒いって言ってたじゃない
確《たし》かにね
もっと飲まないと温《あたた》まらないよな〜

今年《ことし》はマツタケが3割《わり》ほど安《やす》いらしいけれど
それでも高価《こうか》だわ
ウチには無縁《むえん》の話《はなし》だな
土瓶蒸《どびんむ》しの中《なか》のかけらを食《た》べた記憶《きおく》しかないわ
温泉《おんせん》旅館《りょかん》でな
そうそうあれは何年前《なんねんまえ》でしたかねえ
えーと
あれはいつだっけ
てゆーか何年温泉に行ってない？
あれ？
無縁の話じゃなくなってきたぞ

うわぁ
朝《あさ》の空気《くうき》がひんやりしてきた
爽《さわ》やかでいいじゃん
すぐに寒《さむ》くなると思《おも》うとねぇ
星《ほし》がよく見《み》えるよーになるよ
ピンとこないわね
ピン!
生《なま》ゴミがクサくならなくていいわよ

ワー
ワー
ワー
ワー
ワー
ワー
ワー
やっぱり晴《はれ》太《た》は足《あし》が速《はや》いや
雨《あま》宮《みや》クンも鍛《きた》えればもっと速くなるよ
どうやって?
・・・・
寝《ね》坊《ぼう》してみれば?
毎《まい》朝《あさ》走《はし》ってるよねー

お!! 新米《しんまい》だ
うまい
今度《こんど》は土鍋《どなべ》で炊《た》いてみてくれんか
普通《ふつう》に炊いてもおいしいのに何《なん》でわざわざ
おいしい物《もの》だからもっとおいしくするんだよ
面倒《めんどう》そのままで十分《じゅうぶん》
ちょっとの手間《てま》なのにやる気《き》ないなぁ
やれやれ
ちょっと走《はし》ってから食《た》べるともっとおいしくなるよ
このままで十分かな～
あー
面白《おもしろ》い鉄道《てつどう》イベントはないかな
お父《とう》さんは『何鉄《なにてつ》』? 鉄道ファンって30種類以上《しゅるいいじょう》に分類《ぶんるい》されるんだって
『撮《と》り鉄』や『乗《の》り鉄』は有名《ゆうめい》だがそんなに種類が多《おお》いとは
私《わたし》、駅弁《えきべん》には詳《くわ》しいわよ
『駅弁鉄《えきべんてつ》』というのもあるみたいよ
でも駅弁が好《す》きなだけで鉄道はどうでもいいの
あるんだ～
駅弁の話題《わだい》は『駅弁の日《ひ》』にすれば?
あるんだ～
記念日《きねんび》も多いからね～

いよいよマイナンバー制度《せいど》が始《はじ》まるな
何《なん》のために？
詐欺《さぎ》とか個人情報《こじんじょうほう》漏《ろう》えいが心配《しんぱい》
社会保障《しゃかいほしょう》災害対策《さいがいたいさく》税金等《ぜいきんとう》の手続《てつづ》きが簡単《かんたん》になるらしい
そう言《い》われてもよく理解《りかい》できない
児童《じどう》手当《てあて》や保育園《ほいくえん》の申《もう》し込《こ》みも簡単になるかもだって
私《わたし》が結婚《けっこん》したら便利《べんり》さ実感《じっかん》できるかな
理解したくない理解したくない
うーかゆい蚊《か》に刺《さ》されたみたいだ
ボリボリ
若《わか》いじゃん
そお？
年《とし》を取《と》ると蚊に刺されなくなるっていうのに
蚊なんてここ最近《さいきん》見《み》かけないけど
そう言《い》われても実際《じっさい》かゆいんだから
あーそれ乾燥肌《かんそうはだ》よ
年取ると乾燥しやすくなるからねえ

お布団《ふとん》
気持《きも》ち
いい～
学校《がっこう》
なんて
もう
どうでも
よくなる
ぬくぬくぬくぬく
でも!!
ガバッ
振《ふ》り切《き》って
起《お》きる
ボク偉《えら》い
ほめて～
ほめて～～
土曜日《どようび》だよ
あ～～
損《そん》した

いつの
間《ま》にか
雲《くも》の形《かたち》が
変《か》わった
なあ
富士山《ふじさん》
にも
雪《ゆき》が
積《つ》もった
というし
秋《あき》は
上《うえ》の方《ほう》から
深《ふか》まるの
かもね
そうだね
お父《とう》さん
も秋は
上の方
から来《く》る
んだと
思《おも》うよ
体感《たいかん》で
人生《じんせい》の秋
かな?

ここの空《あ》き地《ち》ってネコジャラシだらけだね～
だいぶ黄《き》色《いろ》くなってるけど
ネコがいたらお祭《まつ》り騒《さわ》ぎになりそう
!!
晴《はれ》太《た》クンがいるよ
お祭り騒ぎだ

今日《きょう》は30年《ねん》後《ご》の未来《みらい》か!!
1985年のSF映画《えいが》の続編《ぞくへん》でタイムマシンが向《む》かった先《さき》が今日だ
ふーん
お父《とう》さんも30年後は自《じ》動《どう》車《しゃ》が空《そら》を飛《と》んでると思《おも》ってたもんだよ
飛んでないね
予《よ》想《そう》に近《ちか》かったり全《ぜん》然《ぜん》違《ちが》ったりして面《おも》白《しろ》い
予想と一《いち》番《ばん》違ってたのは何《なに》?
自《じ》分《ぶん》かな
こんなにオジサンになっているとは思わなかったなぁ

第《だい》一回《かい》洗《せん》濯《たく》希《き》望《ぼう》選《せん》手《しゅ》!!
ジーンズ君《くん》!!
私《わたし》も
ボクも
ほかにも洗《せん》濯《たく》物《もの》があるからお父《とう》さんのは今《こん》度《ど》ね
ドラフト会《かい》議《ぎ》風《ふう》?
そう
興《きょう》味《み》のないお母《かあ》さんにはこの高《こう》度《ど》なギャグは通《つう》じなかったな
最《さい》近《きん》は『一《いち》巡《じゅん》目《め》』って言ってるけど
興味がなくてよかった
くう〜〜
スクワットか?
プヨプヨおなかに効《き》くって聞《き》いたのに全《ぜん》然《ぜん》…
2、3週《しゅう》間《かん》は続《つづ》けてみないと
あ
それならやらない
今《いま》やめたらプヨプヨのままだぞ
コート着《き》るようになれば隠《かく》れるからもう大《だい》丈《じょう》夫《ぶ》
プヨプヨのままじゃん

お布《ふ》団《とん》干《ほ》したんだぁ
太《たい》陽《よう》のニオイがする〜
『お日《ひ》さま』の方《ほう》がそれっぽくない？
お日さまのニオイ〜♡
お!!布団干したのかぁ
うん気《き》持《も》ちいいよ
汗《あせ》や皮《ひ》脂《し》が太《たい》陽《よう》光《こう》で分《ぶん》解《かい》されてできた脂《し》肪《ぼう》酸《さん》やアルデヒドのニオイだ
正《せい》確《かく》だけど伝《つた》わらない
おじいさんサンマの食《た》べ方《かた》下《へ》手《た》ねえ
大《おお》きなお世《せ》話《わ》だ
今《こ》年《とし》は不《ふ》漁《りょう》で値《ね》段《だん》が例《れい》年《ねん》の1.5倍《ばい》だっていうのに
もう少《すこ》しキレイに食べる努《ど》力《りょく》をしてもいいんじゃない？
……
1.5倍努力した
これでワシ的《てき》にはチャラ
やればできるんじゃん

図《と》書《しょ》館《かん》で本借《か》りてきたの？珍《めずら》し～
読《どく》書《しょ》週《しゅう》間《かん》だから本を読《よ》めって先《せん》生《せい》が
これから毎《まい》日《にち》読むといいわよ
ん～～2週間だけね
2週間だけだって
これがきっかけでクセになるかもしれないわよ
早《はや》寝《ね》のクセかな

ただいまー
ん？
ヒヤッ
玄《げん》関《かん》に水《みず》がこぼれてるぞ
誰《だれ》も水を使《つか》ってないけど
確《たし》かに足《あし》の裏《うら》がヒンヤリと…
そっか!!
床《ゆか》が冷《つめ》たく感《かん》じる季《き》節《せつ》になったんだなぁ
靴《くつ》下《した》の穴《あな》見《み》ながらしみじみしないで

寿司
ランチ
そういえば秋《あき》サケが品《しな》薄《うす》で
イクラも値《ね》上《あ》がりしそうなんだと
何《なに》だか値上げの話《はなし》ばっかりだな
便《びん》乗《じょう》も出《で》てきそうでヤダわぁ
だからといって庶《しょ》民《みん》ができるコトはないがな
あるわ
今《いま》のうちに食《く》いだめするからおごって!!
ある意《い》味《み》便乗
ランチ
丼
いくら

う〜〜ん
何《なに》を悩《なや》んでんの?
コタツを出《だ》すタイミング
寒《さむ》いと思《おも》った今《いま》がそのタイミングだよ
やっぱり今日《きょう》のところは我《が》慢《まん》するわ
我慢をする意《い》味《み》が分《わ》からん出そうよ
出す前《まえ》に部《へ》屋《や》の掃《そう》除《じ》をしないと・・・
する?
あ・・・
我慢します

服《ふく》に何《なに》かの毛《け》がついてるわよ
あー
犬《いぬ》の抜《ぬ》け毛《げ》がすごくてねー
カーペットなんてもう大《たい》変《へん》
わかる
わかる
部《へ》屋《や》の隅《すみ》っこにたまってたりするよね
おたくに動《どう》物《ぶつ》いたっけ?
うーん
まぁ小《しょう》動《どう》物《ぶつ》の類《たぐ》いが…
ふわモコの季《き》節《せつ》だよ〜
キャンキャン
ウチはこれからすごくなりそう
ちょっと一《いっ》緒《しょ》にお歳《せい》暮《ぼ》選《えら》んでくれない?
お歳暮? まだ早《はや》いよ
11月《がつ》中《ちゅう》に注《ちゅう》文《もん》すれば早《はや》割《わ》りが使《つか》えるから
今《いま》でないとダメ?
11月中だからまだ余《よ》裕《ゆう》あるけど
週《しゅう》末《まつ》にデパートに見《み》に行《い》く?
週末はやりたいコトが…
じゃそのうちねー
こうして気《き》付《づ》くと12月になってるんだな

今年《ことし》のインフルエンザ予防接種《よぼうせっしゅ》値上《ねあ》がりしてたわね
その分《ぶん》よく効《き》くらしいよ
これでもう安心《あんしん》
やれやれ
寒《さむ》い時季《じき》は効果《こうか》が期待《きたい》できそうだな
すや。。
それでも普通《ふつう》の風邪《かぜ》はひくと思《おも》うよ

何《なに》やってるんですか?
この辺《へん》がチクチクするから気《き》になってね
タグのせいかしら
あ!
あるある
切《き》り取《と》ればいいんですよ
ちょっとお高《たか》い服《ふく》なのに
やめて~
カミソリ使《つか》えば布《ぬの》を傷《きず》つけずに取り外《はず》せますから
お高い服ってタグが一番《いちばん》大事《だいじ》なんでしょーが
……

おじいさんの植木《うえき》葉っぱが黄《き》色《いろ》くなってるわよ
ウチも紅葉《こうよう》の季節《きせつ》になっていたのか
一鉢《ひとはち》だけ？
木によって紅葉の時季《じき》が違《ちが》うからねぇ
バラ゛
枯《か》れちゃったの？季節的《きせつてき》なモノなの？
その答《こた》えは…来年《らいねん》の春《はる》まで待《ま》って
まだ出《で》掛《が》けないの？
ストールがうまく巻《ま》けないのよ
それでいいじゃないか
う～ん
微妙《びみょう》なバランスがね～
できた!! コレだわ
今日《きょう》は風《かぜ》があるねぇ
あう
バタバタバタ

拾《ひろ》ったどんぐりで工作《こうさく》しよう
そのままだと後《あと》で虫《むし》がわいてくるかもよ～～
事前《じぜん》に煮《に》れば大丈夫《だいじょうぶ》
あら何《なに》を煮てるの？
虫と虫の卵《たまご》をね
ひっ
どんぐりだから!!気《き》にしないで
どん・ぐり♡
今《いま》さら訂正《ていせい》されても～～

ウチの消火器《しょうかき》ってまだ使《つか》えるの？
どうかしら
ほったらかしだけど
使用期限《しようきげん》ギリギリだよ買《か》い替《か》えないと
消火器って結構《けっこう》高《たか》いのよ～～
えー!
1回《かい》も使ってないのにもったいないな～い
1回ぐらい使ってみたかったね
そーだねー
使う機会《きかい》がなくてよかったに決《き》まってんじゃん
話《はなし》を合《あ》わせたつもりだったのに…
あれ？

冷《ひ》えたせいかおなかの調子《ちょうし》が・・・
腹巻《はらま》きするといいよ
え～何《なん》だかカッコ悪《わる》いじゃない
人《ひと》に見《み》せるモンじゃないから
それもそうね
最近《さいきん》はオシャレな腹巻きもあるよばあちゃん
おっシャレ～♡
ちら
見せてる・・・

レタスって実《じつ》は今《いま》が旬《しゅん》なのよ
おいしそ～
夏《なつ》じゃないの？
夏のは高原《こうげん》で作《つく》られたレタスでね
へー
意外《いがい》～
旬が意外な物《もの》って多《おお》いのよねうなぎとか・・・
はいまいど!!
レタスでますます美人《びじん》になっちゃうよー
あらあら私《わたし》とか？
やだも～

あら七五三《しちごさん》
あの時《とき》はウチも大変《たいへん》だったわぁ
直前《ちょくぜん》に風邪《かぜ》ひいて慌《あわ》ててたわよねー
そお? 覚《おぼ》えてないなぁ
熱《ねつ》出《だ》してくちびるカッサカサになって
あー
あ?
そういえばそんなコトも…
メークが乗《の》らなくて大変だったじゃない
全《まった》く覚えてない

あ
ドン!!
あーーっ
ぐら
ぐら
ふう
ピタ
あーー
うんまぁ
本当《ほんとう》に痛《いた》いんだろうけどさ

イチョウの葉《は》を集《あつ》めてどうすんの？
3・4日《か》天《てん》日《ぴ》干《ぼ》しすれば防《ぼう》虫《ちゅう》剤《ざい》になるのよ
タンスに入《い》れておくといいわ
これゴキブリにも効《き》くかな
どうかしらね
でももう寒《さむ》いから出《で》ないんじゃないっ？
一《いち》応《おう》通《とお》り道《みち》に置《お》いておくね
キッチンあったかいからな～
出たんだ最《さい》近《きん》も
ギンナンもらった公《こう》園《えん》で拾《ひろ》ったんだと
殻《から》割《わ》って封《ふう》筒《とう》に入《い》れてレンジでチンしましょ
こんなに簡《かん》単《たん》にできるんだ
もっちもち～
簡単激《げき》ウマよ～
ニオイを飛《と》ばすのが大《たい》変《へん》だけどね
こりゃかなわん

何《なん》だ？もう大《おお》掃《とう》除《じ》か？
ちょっと部《へ》屋《や》をキレイにする必《ひつ》要《よう》があってね
あんまり働《はたら》き過《す》ぎると筋《きん》肉《にく》痛《つう》で動《うご》けなくなるぞ
あはは
それじゃこれくらいにして出《だ》しましょうか
出しましょう
ほこ〜〜〜
どっちにしてもコリャ動けませんわ
プレゼント？いいわね〜
お母《かあ》さん半《はん》分《ぶん》出《だ》してね
こないだも何《なに》か買《か》ってなかった？
ハロウィーンのコト？いろいろあるからな〜
何でもかんでもプレゼント…って企《き》業《ぎょう》に煽《あお》られてるんじゃないの？
かもねー
じゃあやめよか
勤《きん》労《ろう》感《かん》謝《しゃ》のプレゼント
え？あ…ちょっと

おせち料理《りょうり》の予《よ》約《やく》どうします？
なかなかのお値《ね》段《だん》
作《つく》った方《ほう》が安《やす》いんでしょうけどねえ
ちょっと高《たか》いんだけどどうしよう
作った方が安いんじゃないの？
それを言っていいのは作る人《ひと》だけ!!
ビシッ
どうしましょ
実《じっ》質《しつ》発《はっ》言《げん》権《けん》ないよね

すっごい落《お》ち葉《ば》
何《なん》の木《き》かな
この葉《は》は見《み》たコトがあるわねえ
わかった!!
桜《さくら》餅《もち》の葉だわ
ああそっかこの木は
そうよモチの木よ!!
いや…
サクラの方《ほう》でしょ

来年《らいねん》のカレンダーもう買《か》ったの？
去年《きょねん》買い忘《わす》れて年末《ねんまつ》バタバタしたから
今年《ことし》は慌《あわ》てないよーに何《なん》でも早《はや》めに買ってるのよ
年賀状《ねんがじょう》を忘れてるぞ
……忘れてるワケじゃないけど
じゃあ買おうよ
だって買ったら書《か》かなきゃならないじゃない
これは今年も慌てるパターン
乾布摩擦《かんぷまさつ》を始《はじ》めてから
体調《たいちょう》がいい気《き》がする
どんどん健康《けんこう》になっちゃうかもね～
毎年《まいとし》そう言《い》っては続《つづ》かないじゃない
今年《ことし》は続けられると思《おも》うよ
あら意志《いし》が固《かた》そうね
いや暖冬傾向《だんとうけいこう》だから
寒《さむ》くなったらやめる気まんまんだわ

あーうっかりしてたあー
どうしたの？朝《あさ》からため息《いき》ついて
おばあちゃんに言うほどのコトでも・・・・
何《なん》でも相談《そうだん》してよ!!解決《かいけつ》するかもでしょ
朝《あさ》のドラマ見忘《みわす》れただけです
あはは
なーんだ
私《わたし》見てるから今《いま》すぐ解決《かいけつ》してあげる
言わないで再放送《さいほうそう》あるし
わー
わー
わー
わー

年末《ねんまつ》ジャンボか!!
宝《たから》くじ
今年《ことし》はワシも買《か》おうかな
史上最高《しじょうさいこう》に大当《おおあ》たり確率《かくりつ》が低《ひく》いのよ
ムダムダ
それでも必《かなら》ず誰《だれ》かが当《あ》たるんだろ
それが自分《じぶん》かもしれないと？
砂漠《さばく》でダイヤを探《さが》すよーなモンだといわれるけどな
買おうかな
やめようかな

期《き》末《まつ》テスト終《お》わったら何《なに》する?
ん?
私《わたし》はクリスマスの飾《かざ》り付《つ》けしてたまってるマンガを読《よ》んで
・・・・
反省《はんせい》する!!
あ——もう反省するって決《き》めてるんだ

わぁすごい
バチ バチ
バチ バチ
静《せい》電《でん》気《き》対《たい》策《さく》しておこう
これで脱《ぬ》ぐのが怖《こわ》くなくなるわ
シュッ シュッ
あれ? 今日《きょう》はバチバチしない
楽《たの》しみだったのに〜〜
え〜〜

あっ
ミカンだ
コタツに
ミカンだ
ミカンには
雄《おす》と雌《めす》が
あるって
聞《き》いたん
だけど
それは
デマだって
私《わたし》は
聞いた
けど？
ないの？
都《と》市《し》伝《でん》説《せつ》
なの？
うーん
こーゆー
のも
都市伝説
って言《い》う
のかな～
そっか
農《のう》村《そん》
伝説か!?
それは
聞いた
コトない
あー
流《りゅう》行《こう》語《ご》大《たい》賞《しょう》
なのに
聞《き》いたコト
もないのが
あるって
どうなの
？
若《わか》い子の
間《あいだ》で
はやって
たんだろ
年《とし》取《と》った
って
コト？
どんどん
流行に
疎《うと》くなって
いくから
ねー
今《こ》年《とし》の
流行語
全《ぜん》部《ぶ》
意《い》味《み》
分《わ》かる？
分かる
よ
ほーら
調《しら》べた
から
どーなの
!?
ウチ
じゃない
どこかで
はやって
たんだろ

はい
肉《にく》まん
ホッカホカ〜
ホカホカ〜
そっちもかして
ホカホカ〜
おじいさーん
肉まん買《か》ってきたわよ
すっかりヒエヒエ

まあかわいい手《て》袋《ぶくろ》
晴《はれ》太《た》の趣《しゅ》味《み》じゃないかしらねえ
どうかなあ
贈《おく》り物《もの》ですか？
贈り物ってホドでもないけど
ウチの孫《まご》にね
コレとコレと
コレで
3双《そう》ですね
ウチの孫は二人《ふたり》だけどな…
だってかわいいんだもの

ばあさんから編《あ》み物《もの》習《なら》ってんの？
うんマフラーをね
誰《だれ》かへのプレゼントだったりして
自《じ》分《ぶん》用《よう》だよ
そ…そっか自分用なんだ
はは…
まずは自分用で練《れん》習《しゅう》だったりして
はは…
新《あたら》しい下《した》着《ぎ》買《か》ってきたわよ
お父《とう》さんにはトランクス
ピチッとしたブリーフの方《ほう》がよかったな～
今《こん》度《ど》はそうするわ
今度っていつ？
今《こん》回《かい》何《なん》枚《まい》か買ったからしばらくは…
それじゃ忘《ぼう》年《ねん》会《かい》に間《ま》に合《あ》わないよ
余《よ》興《きょう》で何《なに》かやらかすつもり？
安《あん》心《しん》してくださいとか？

冬《ふゆ》物《もの》バーゲン始《はじ》まってた
半《はん》額《がく》の物《もの》もあるって
キャー
欲《ほ》しい服《ふく》があるの？
ないけど……半額と聞《き》くとねぇ
半《はん》分《ぶん》の出《しゅっ》費《ぴ》で済《す》むのは大《おお》きいね
その計《けい》算《さん》はちょっと違《ちが》う
小《しょう》学《がく》生《せい》でもできるが…
はっ？
同《おな》じ出費で2枚《まい》買えるぅー!!
ヒュー
ちゃんと着《き》るの？

大《だい》根《こん》が生《せい》産《さん》過《か》剰《じょう》で値《ね》崩《くず》れ起《お》こしてるんですって
11月《がつ》暖《あたた》かくて雨《あめ》が多《おお》かったからなぁ
自《じ》主《しゅ》廃《はい》棄《き》してる農《のう》家《か》もあるほど
出《しゅっ》荷《か》する方《ほう》が損《そん》する場《ば》合《あい》もあるから非《ひ》難《なん》できないよ
私《わたし》が言《い》いたいのはそーゆーコトじゃなくて
ちがうちがう
今《こん》夜《や》はおでんってコト
大根おいしいよねー

今夜《こんや》はもう寝《ね》る
朝《あさ》3時《じ》に起《お》きてふたご座《ざ》流星群《りゅうせいぐん》見《み》るんだ
一人《ひとり》で大丈夫《だいじょうぶ》?寒《さむ》いわよ
カイロに手袋《てぶくろ》にマフラー
自分《じぶん》で用意《ようい》したからほっといてくれてもいいよ
あ
ちゃんと3時に起こしてね
それ一番《いちばん》自分で何《なん》とかしてほしいコト
おかーさーん
ケーキの予約《よやく》はお早《はや》めにってテレビで
世界的《せかいてき》にはクリスマスにケーキを食《た》べない国《くに》も多《おお》いのよ
ここは日本《にほん》じゃん
いつもは国際感覚《こくさいかんかく》を養《やしな》えっていってるのにこーゆー時《とき》だけ日本?
うー
ウチは本場《ほんば》のやり方《かた》を支持《しじ》します
じゃあ七面鳥《しちめんちょう》焼《や》いて
あらあらあら

この御宅《たく》軒《のき》下《した》で干《ほ》し柿《がき》作《つく》ってる
そーいえばこの木《き》柿《かき》の木《き》だよ
渋《しぶ》柿《がき》かな
渋ければ渋いホド干すと甘《あま》くなるんだって
じゃあきっとすっごく甘い干し柿になってるよ
そっかー
ーってどうして甘くなるって確《かく》信《しん》してんの？
あー…
ははは

つい先《せん》日《じつ》ポカポカ陽《よう》気《き》だと思《おも》ったら今日《きょう》はこの寒《さむ》さ
極《きょく》端《たん》よね～
ハ～あったかい♡
埋《う》まっちゃお
すや
ぷはっ
あつーあつー
極端なんだよ

年内《ねんない》に片付《かたづ》けておきたいコトは…
もうそんなコトを考《かんが》える時季《じき》になったか
何《なに》か気《き》になるコトある？
個人的《こじんてき》には虫歯《むしば》が気になるかな〜
歯《は》の治療《ちりょう》ははやっておくべきよ!!
よっしゃ
年内に片付けておこう
何年《なんねん》も放置《ほうち》してた虫歯が数本《すうほん》…
絶対《ぜったい》年《とし》をまたぐわ

今年《ことし》の漢字《かんじ》知ってる？
『安《あん》』でしょ
理由《りゆう》を聞《き》いたら納得《なっとく》したわ
安心《あんしん》の『安』
安保《あんぽ》の『安』安全《あんぜん》の『安』
あとは…あんないの『安』
えーと
えーと
冬休《ふゆやす》みは毎日《まいにち》書《か》き取《と》りねっ
アンラッキーのアン

クリーム塗《ぬ》ってもかかとのヒビ割《わ》れが治《なお》らなくなってきた
加《か》齢《れい》のせいもあるからな～～
だとしたらばあちゃんくらいの年《とし》になったらどうなるの
ヒビ割れ気《き》にならないけど
割れてないんですか
うらやまし～
あれ割れてたわ
ひえっ
慣《な》れるのかな

冬《とう》至《じ》だから今《こん》夜《や》のおかずは『ん』のつく物《もの》にしましょ
冬至はカボチャじゃないの？
カボチャは『なんきん』他《ほか》にも『にんじん』『れんこん』とかね
運《うん》をつけるために食《た》べるといわれてるわね
『だいこん』『ぎんなん』『うどん』
そうそう
どんどん運がつきそう
プリンあんぱんメロンパン
おかずおかず

ボクだって信《しん》じたいけど最近《さいきん》は迷《まよ》ってる
あらサンタ論争《ろんそう》？
うん迷信《めいしん》とか言う人《ひと》がいて
大丈夫《だいじょうぶ》サンタさんはいると思《おも》うわ
それは分《わ》かってるけど
プレゼントは全部《ぜんぶ》サンタさんの手作《てづく》りって迷信？
スマホやゲーム機《き》はメーカーに発注《はっちゅう》してるってホント？
サンタさんからプレゼントもらった!!
キャッホー!
お手紙《てがみ》もついてた
よかったわねー
あれ？日本語《にほんご》
何《なん》で？サンタさんて日本人《にほんじん》じゃないよね
あ
・・・・
すげェ日本語もできるんだ!!
よ・・・よかった・・・

ミカンが届《とど》いたわよ
やったぁ箱《はこ》買《が》い♡お正月《しょうがつ》っぽい
みかん
箱の中《なか》は傷《いた》みやすいからカゴに移《うつ》すわね
あとは冷《れい》蔵《ぞう》庫《こ》に入《い》れるよ
冷蔵庫に入れると甘《あま》みが薄《うす》れるのよね
どうするの？このままだと絶《ぜっ》対《たい》腐《くさ》るわ
そりゃ『腐る前《まえ》に食《た》べる』でしょ
お正月まで残《のこ》しておいてよ

のんきにしてると遅《ち》刻《こく》するぞ
冬休《ふゆやす》みだよ
ふぁ〜
あ　そっか
お父《とう》さんはまだ仕《し》事《ごと》に行《い》くの？
いいなー
そーだよ
冬休みは宿《しゅく》題《だい》も少《すく》ないし余《よ》裕《ゆう》なんだよね〜
へっへっ
それじゃ今日《きょう》から早《さっ》速《そく》大《おお》掃《そう》除《じ》始《はじ》めましょ
へ？
オレは仕事だもんね

※初出紙：北海道新聞、東京新聞、中日新聞、西日本新聞
の各夕刊（2015年 1月5日〜12月28日）

新田朋子

1962年、岐阜県に生まれ、東京都在住。4コママンガ誌を中心に活躍中。「ウチのげんき予報」は、北海道新聞、東京新聞、中日新聞、西日本新聞の4紙の夕刊連載マンガとして2002年からスタート。連載期間14年、のべ4000回を超えて、現在も好評連載中。
著書には『今日のおススめ！』（竹書房）、『おきらくママ』（芳文社）などがある。

ウチのげんき予《よ》報《ほう》

大空一家《おおぞらいっか》です！

2017 年 1 月 15 日　第 1 刷発行

著者　新田《にった》朋子《ともこ》
発行者　古屋信吾
発行所　株式会社 さくら舎　http://www.sakurasha.com
〒102-0071　東京都千代田区富士見1-2-11
電話（営業）03-5211-6533
電話（編集）03-5211-6480
FAX 03-5211-6481　振替　00190-8-402060
装丁　アルビレオ
印刷・製本　中央精版印刷株式会社

ISBN978-4-86581-084-4

ひとさや、ふたさや、

ねこもやること

いろいろあんねんな〜。

まめねこ〜まめねこ6 発売中!!

各1000円（+税）

定価は変更することがあります。